스타트업, 회계와 재무제표 먼저 알고 시작하라

스타트업, 회계와 재무제표 먼저 알고 시작하라

곽상빈 지음

원앤원북스

스타트업이라면
회계관리는 필수

    회사를 창업해서 성공적으로 키우고 안전하게 엑시트(Exit, 투자금 회수)하려면 사업 기술이나 아이디어도 중요하지만 이를 실현할 수 있는 인력과 자금이 뒷받침되어야 한다. 회사는 초기 자금을 활용해 직원을 고용하고, 제품을 개발하고, 이를 고객에게 제공해 매출을 올리고 현금을 창출한다. 이러한 과정을 효과적으로 관리하도록 도와주는 것이 회계이며 그 도구가 바로 재무제표다.

    회사 운영에서 회계는 정말 중요하다. 특히 이제 막 문을 연 스타트업은 성숙한 기업과 달리 초기에 회계, 재무, 세무 등을 등한시했다가 문제가 발생하는 경우가 많다. 운영 과정에서 이러한 부분에 소홀

하면 각종 세무조사, 이해관계자들과의 갈등, 심지어 소송까지 겪을 수 있다. 회사가 커지면서 문제는 더 심각해질 수 있다. 따라서 경영자는 미리부터 회계를 알고, 재무제표 작성을 설계해두고, 세금에 대한 위험을 관리할 필요가 있다. 스타트업 초창기일수록 현금 관리가 중요하고, 지속적으로 운영할 수 있는 자금흐름을 만들어내야 한다. 회계를 모르고 경영을 한다는 건 오랫동안 안정적으로 사업하기를 포기하는 것과 같다.

이 책은 스타트업에서 꼭 필요한 회계와 세무지식을 쉽게 풀어 전달하는 지침서이자 초보 사업가를 위한 길라잡이다. 스타트업을 꿈꾸거나 지금 사업을 영위하는 분들에게 큰 도움이 될 것이다. 이 책의 목표는 회계 초보자도 스타트업을 하면서 회계장부 등 재무기록을 잘 관리하고, 재무계획을 잘 수립해 집행하고, 자산관리를 효율적으로 하고, 필요한 자금을 조달해 적시 적소에 활용하고, 더불어 세금 등 위험요소를 관리할 수 있도록 도움을 주는 데 있다. 궁극적으로는 최적의 기업 운영을 할 수 있도록 안내할 것이다. 기업 운영의 기초가 되는 지식이 회계와 재무제표, 세금상식이므로 이 책만 꼼꼼히 읽어도 여러 문제를 해결할 수 있다. 적절한 회계관리를 통해 기업의 가치를 높여나갈 수 있을 것이다.

재무제표는 경영을 하거나 경영과 관련된 분야에서는 일종의 성적표이자 기업의 상태를 드러내는 진단서에 해당한다. 우리가 아프면 병원에 가서 의사의 진찰을 받고 약을 처방받는 것과 마찬가지로 기업도 문제가 생기면 가장 먼저 보는 것이 재무제표다. 이 재무제표를 통해서 문제를 찾고 해결해야 가장 객관적인 결과를 만들어낼 수 있다.

우리는 정보의 홍수 속에서 살고 있다. 뉴스를 보면 연일 기업에 대한 여러 정보가 범람한다. 예를 들어 "올해 ○○통신의 매출액이 200% 증가했음에도 불구하고 영업이익은 오히려 50% 감소했습니다" 하는 뉴스를 봤다고 가정해보자. 아니, 매출액이 증가했으면 이익이 증가하는 것이 정상일 텐데 왜 감소를 했다는 말인가? 매출액에서 각종 판매비와 관리비를 공제한 것이 영업이익이라는 구조를 이해하지 못하면 뉴스의 요지를 제대로 파악하지 못할 것이다. 눈 뜬 장님이 아닐 수 없다.

기업의 미래 전망을 알아야 주주는 그 기업에 투자할 수 있고, 임직원은 안심하고 그 기업에 청춘을 바칠 수 있다. 문제는 기업의 미래가치와 전망은 회계와 재무제표를 모르고서는 객관적인 수치로 알수 없고, 누군가 알려준다고 하더라도 그 이유를 모를 수밖에 없다는데 있다. 재무제표가 진실한 정보인지도 그 이면의 논리를 알아야 해석하고 활용할 수 있다. 회계를 모르면 기업에 대한 사기극에 놀아날 가능성이 훨씬 크다.

회계와 재무제표를 조금만 관심 있게 보고 공부하면 많은 위험으로부터 자신과 회사를 방어할 수 있다. 적어도 망하는 회사에 투자하거나 취업을 해서 고생하진 않을 것이고, 경영을 함에 있어서 제대로 된 의사결정을 내려 경제적인 손실을 줄일 수 있다.

창업을 결심한 사람이라면 더더욱 회계와 재무제표를 알아야 한다. 특히 외식업체 사장님들의 경우 회계와 재무제표를 외면하는 경우가 많다. 원래부터 어렵다는 이유로, 회계사나 세무사가 알아서 해준다는 이유로 소홀히 생각하는 것이다. 그러나 비즈니스를 하면서 회계를 모르면 낭비를 줄이거나 수익을 탄탄하게 통제할 수 없다. 갈수록 경쟁이 치열해지는 시대에서 살아남기 위해서는, 즉 수익을 창출하면서도 낮은 원가 경쟁력을 갖추기 위해서는 회계 수치에 밝아야 한다. 생존을 위한 최소한의 지식이라고 해도 과언이 아니다.

회계사가 알려주는 회계는 어렵다는 편견을 깨고, 독자에게 보다 쉽게 다가가기 위해 최근 이슈가 되고 있는 이야기와 재무제표를 예시로 사용했다. 이 책이 스타트업과 영업활동을 성공적으로 진행할 수 있는 밑거름이 되길 바란다.

곽상빈

차례

2장 · 회계와 재무제표의 첫걸음

3장 · 알수록 쓸모 있는 회계상식

4장·스타트업이 꼭 알아야 할 세무상식

1장

스타트업, 회계와 재무부터 챙겨라

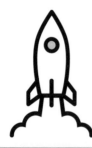

재무관리를 대충 해도 성공할 수 있는 시절이 있었다. 그러나 지금은 어림도 없다. 자금을 마음대로 사용하다가는 성공할 수 없을 뿐만 아니라 횡령이나 사기로 처벌받을 수도 있다. 제4차 산업혁명 시대는 투명한 경영을 해야 살아남을 수 있는 시대다. 경쟁이 치열해지면서 이제는 더욱더 효과적인 회계관리를 통해 비용을 절약하고, 매출액을 관리해야 한다.

준비된 기업만이 살아남는다

재무관리를 대충 해도 성공할 수 있는 시절이 있었다. 그러나 지금은 어림도 없다. 자금을 마음대로 사용하다가는 성공할 수 없을 뿐만 아니라 횡령이나 사기로 처벌받을 수도 있다. 제4차 산업혁명 시대는 투명한 경영을 해야 살아남을 수 있는 시대다. 경쟁이 치열해지면서 이제는 더욱더 효과적인 회계관리를 통해 비용을 절약하고, 매출액을 관리해야 한다.

절박한 심정으로 준비한 사업은 어떻게든 살아남는다. 스타트업은 사업을 구상하는 단계에서부터 절실하게 준비해야 한다. 사업 구상 시기에는 창업가의 경험을 활용해 아이템을 마련하고, 시장을 조

사하고, 자금조달계획을 수립하고, 마케팅을 준비하고, 재무계획을
수립하는 등 각고의 노력이 필요하다.

성공의 과실은
아무나 맛볼 수 없다

이 책을 쓰면서 과거를 떠올려보면 필자도 2004년에 벤처기업 창
업대전 본선에 진출해 기술력을 인정받은 적이 있고, '사장되기(Be
the CEOs)' 창업대회에서 산업통상자원부장관상을 수상하기도 했다.
기술력은 자신 있으니 마케팅만 잘하면 성공할 거라는 확신도 들었
다. 그러나 2006년이 넘어가기 전에 사업을 접을 수밖에 없었다. 생
각만큼 매출이 늘지 않았고, 직원을 고용할 만큼 자금조달도 쉽지 않
았다. 정확한 비용관리도 되지 않아 지출내역을 파악하지 않았을 뿐
만 아니라, 세금신고에 대한 대비도 미흡했다.

물론 스타트업이라면 아이디어와 아이템이 중요한 것은 사실이
다. 작은 발견과 아이디어에서 비롯된 새롭고 신선한 아이템을 개발
하면 성공 가능성은 그만큼 높아진다. 그러나 처음 스타트업을 시작
하는 창업가들은 대개 지나치게 아이디어와 아이템에만 집착하는 경
향이 있다. 초보 창업가일수록 자신의 아이디어가 '유일'하고 '최초'
라는 생각에 집착을 하는 경우가 많다.

솔직히 대박까지는 아니더라도 안정적으로 사업을 하고자 한다면

아이디어가 없어도 가능하다. 시장을 관찰하고, 자신만의 시각에서 문제를 파악해서 창의적으로 해결할 수 있는 제품이나 서비스를 제공할 수 있으면 된다. 오히려 철저한 시장조사를 통해 시장에서 경쟁력이 있을지 고려하고, 재무계획을 잘 짜서 시작하는 편이 더 나을 수 있다. 대박 아이템에만 집착하기보다는 좀 더 안정적으로 사업을 할 수 있는 방법을 고민하는 것이 잘나가는 기업으로 가는 지름길이라고 생각한다. 그리고 안정적인 기업 운영을 위해 제일 중요한 것이 재무와 회계다.

스타트업 초기부터
돈의 흐름을 좇자

우리나라에서 스타트업을 하는 것은 정말 많은 어려움을 감수해야 하는 작업이다. 스타트업에 대한 정부의 각종 지원정책이 발표되고 있고 관련 지원금도 쏟아져 나오고 있지만 생각보다 성공이 쉽지 않다. 대기업에 종사하는 것과 비교해서 사회적인 시선이 곱지 않은 것도 사실이다. 무엇보다 스타트업의 어려운 점은 조직을 갖추는 것이 힘들다는 데 있다. 대기업처럼 경영전략실, 기획실, 미래전략실, 회계부서, 법무팀 등이 나뉘어 있지 않다. 현실적으로 제대로 된 지원부서를 갖추는 것이 불가능하기에 회계, 재무, 마케팅, 인사관리 등 모든 것을 창업가가 해야 한다. 창업가가 통제하고 관리해야 할 분야가 많다는 건 그만큼 창업가의 역량이 중요하다는 뜻이다. 따라서 스타트업을 하려면 사업기획과 마케팅뿐만 아니라 세무관리, 재무관리, 회계 등에 대한 공부도 필수적이다.

회사를 세우고 경영을 하면서 창업가는 많은 문제와 직면하게 된다. 이때 창업가가 주로 도움을 구하는 전문가는 회계사나 세무사일 것이다. 일반적으로 창업가는 법무사를 통해 법인을 설립하거나, 세무사를 통해 사업자등록을 하고 기장을 하게 된다. 최근에는 노동법과 관련 규제의 벽도 높아지고 있어서 노무사나 변호사의 조력도 필수적이다. 예를 들어 스타트업 아이템이 블록체인이나 금융과 관련된 분야라면 변호사를 통해 금융 규제를 검토해야 하고, 각종 인허가 및 부동산과 관련된 분야인 경우라면 더더욱 법률 검토를 받아야 한다.

필자가 본 스타트업 창업가 대부분은 개발자 출신이거나 영업직 출신이 많았다. 그들은 기술이나 영업에 관해서는 전문가이고 그 누구보다 경험이 풍부했지만 생각보다 재무나 회계, 즉 돈의 흐름에 대해서는 잘 몰랐다. 스타트업 초기부터 재무나 회계를 제대로 점검하지 않으면 나중에 직원들 혹은 동업자들과의 관계가 악화될 수 있다. 왜냐하면 결국 직원과 동업자의 관심사는 먹고사는 문제일 수밖에 없고, 먹고사는 문제를 가장 잘 보여주는 것이 재무나 회계이기 때문이다. 회계상 실적이 잘 나오지 않으면 창업가뿐만 아니라 직원들도 불안해지기 마련이다.

자금유출 전략을 세워야 하는 이유

스타트업을 시작할 때만 해도 돈을 많이 벌면 '이 돈이 다 내 돈'이라고 생각하기 쉽다. 그러나 생각보다 회삿돈을 마음대로 가져가는 것이 쉽지 않다. 개인사업자라고 하더라도 세금을 줄이려면 비용으로 인정되는 지출을 해야 하기 때문에 만만치 않다. 기업 역시 현금이나 보통예금 등 현금성자산을 마음대로 쓰면 기업의 자산이 감소하기에 세법상 규제를 받게 된다.

가장 기본적인 자금유출 전략은 창업가와 동업자의 인건비를 지급해 현금을 유출시키는 전략이다. 인건비는 회계상 비용이다. 그래서 임원의 경우 상여를 자의적으로 가져가는 것을 막기 위해 한도를 규정하고 있다. 한도를 초과해 비용처리한 상여금은 세법상 비용으로 인정하지 않고 그만큼 세금을 더 내야 한다.

그다음으로 접대비 등으로 비용처리를 해서 자금을 유출하는 전략을 생각해볼 수 있다. 기업의 자금을 개인적으로 유용하면 가져간 사람의 소득으로 인식된다. 그러나 개인적인 목적으로 사용된 법인의 접대비는 비용으로 인정되지 않으며, 대표자에게 상여로 소득처분되어 근로소득세를 더 내게 될 수 있다. 잘못하면 회사 비용처리도 안되어서 법인세는 법인세대로 내고, 대표자는 소득세를 내야 하는 일이 벌어질 수 있다.

마지막으로 임의로 가공비용이나 아웃소싱비용을 지출해 자금을 유출하는 방법이 있다. 그런데 임의로 가공비용을 추가해서 세금과 당기순이익을 줄이는 것은 탈세다. 외주 가공비용에 해당하는 자금을 유출하는 것은 조세범 처벌법에 따른 범죄이며, 적발되면 처벌을 받을 수 있다.

자금유출 시
주의해야 하는 사항

이처럼 자금을 유출시키는 일에는 리스크가 따른다. 사전에 잘 계획해서 실행할 필요가 있다. 기업 경영 실무상 자금유출 시 주의해야 하는 항목은 다음과 같다.

1. 증빙 없는 지출

증빙 없이 지출해서 기업 밖으로 자금이 나가면 가지급금이 된다. 가지급금의 경우 세법상 비용으로 인정되지 않을 뿐만 아니라 대표자의 소득으로 소득세가 과세될 수 있는 위험이 있다. 지출 시에는 증빙을 반드시 챙겨두는 것이 필요하다. 증빙이 없다면 대표이사의 급여로 처리해 비용이 부정되는 것을 미리 막는 방법도 있다.

2. 대여금을 변제하지 않는 경우

대표자가 기업으로부터 돈을 빌리고 그 대여금을 갚지 않는 경우 업무무관 가지급금이 된다. 가지급금에 대해서는 앞에서 언급한 대로 비용처리가 부인되거나, 대표자에게 이자상당액만큼 소득세 부담이 늘어날 수 있다. 따라서 대표자가 기업으로부터 돈을 빌릴 때는 대여금 약정서를 준비해두고, 약정서에 따라서 대금 회수를 하는 자금흐름을 만들어야 한다. 대금 회수가 안 되는 경우 대표이사의 급여로 처리해 문제를 미리 예방할 필요가 있다.

3. 대표자의 돈을 회사에 입금하는 경우

반대로 대표자의 돈을 회사에 입금하면 기업 입장에서는 가수금(차입금)이 된다. 만약 기업으로부터 대표자가 이자를 수령하는 경우에는 기업은 원천징수를 통해 국세청에 신고납부해야 한다. 이러한 경우에는 차입약정서를 미리 구비하는 것이 좋다. 무이자라면 원천징수를 생략할 수 있으니 참고하기 바란다.

4. 회사의 돈으로 보험에 드는 경우

개인이 부담할 보험료를 기업이 대신 부담하면 해당 개인에게 소득세가 과세된다. 또 업무와 관련 없는 보험은 부당행위계산부인제도(세금을 부당히 적게 내려는 기업의 행위 또는 회계처리를 세무당국이 인정하지 않는 것)를 통해 비용처리가 부인될 수 있음에 명심해야 한다. 따라서 보험이 업무와의 관련성이 있는지 사전에 검토해서 비용처리 여부에 신중을 기해야 한다.

5. 대표자 등이 회사와 거래를 하는 경우

대표자 등 특수관계자가 회사와 거래를 하는 경우에는 부당행위계산부인제도가 적용된다. 이러한 경우 법인에게는 법인세가 부과되고, 개인에게는 소득세가 부과될 수 있으므로 주의를 요한다. 대표자가 법인과 거래할 때 세법상 시가로 거래를 하는 경우에는 이러한 문제가 발생하지 않으며, 시가가 불분명한 경우에는 감정평가 등 객관적인 금액을 제시하는 것이 필요하다.

6. 가족을 근로자로 등록해 급여를 지급하는 경우

이러한 경우 잘못하면 가공비용으로 보여 비용처리가 부인될 수 있다. 게다가 세무처리의 투명성과 신뢰성이 떨어진다고 판단해 세무조사의 단서를 제공할 가능성도 있다. 따라서 근로계약서, 근무일지 등을 작성해두고 다른 종업원과 형평성 있게 급여를 산정해 급여신고를 하는 것이 좋다.

주주들이 법인의 이익을 실현하는 방법

주주들이 법인의 이익을 실현하는 방법은 두 가지가 있다. 가지고 있는 주식의 비율에 해당하는 배당금을 받거나, 가지고 있는 주식을 타인 혹은 법인에 파는 방법이다.

주주들의
이익 실현

우선 배당금을 수령하는 전략에 대해서 생각해보자. 기업의 이익잉여금은 당장 배당의 재원으로 사용할 수 있다. 뒤에서 자세히 설명하겠지만 지금까지 누적된 이익잉여금이 많은 기업을 우량기업이라고 부른다. 어찌 보면 기업 경영의 궁극적인 목적은 이익잉여금을 늘려나가는 과정이라고 볼 수 있다.

이익잉여금을 재원으로 주주들이 가져갈 수 있는 돈이 배당금이다. 배당은 기업의 이익을 주주에게 분배하는 것이기 때문에 기업은 배당을 하기 전에 관련된 세무상 문제가 없는지 검토해야 한다. 여기서 배당은 이익배당(결산배당)과 중간배당, 주식배당으로 나뉜다.

이익배당은 결산에 의한 잉여금을 주주들이 받는 경우를 의미한다. 배당금은 정기 주주총회나 이사회에서 지급 시기를 별도로 정하는 경우를 제외하고는 주주총회 승인 뒤 1개월 이내에 지급해야 한다. 주주들 간의 차등 배당과 불균등 배당에 유의할 필요가 있다. 중간배당은 회계연도 중간에 배당하는 것이며, 정관에 규정된 경우에 한해 회계연도 중간에 현금배당으로 한 번만 할 수 있다. 주식배당은 주식으로 배당하는 것이고 주주에게는 현금배당을 받은 것으로 의제되어 배당소득세가 과세된다. 이렇게 주주로서 배당을 받으면 배당소득세가 과세되므로 기업은 원천징수를 해야 한다.

궁극적으로 주주들이 큰돈을 만들기 위한 작업은 엑시트라고 할 수 있다. 엑시트란 말 그대로 기업에서 손을 떼고 나가는 것이므로 주식을 팔고 나가는 것을 의미한다. 주식을 회사에 팔고 나갈 수도 있는데, 그것을 자기주식 처분이라고 한다. 회사의 입장에서는 주주한테 자기가 발행한 주식을 취득하는 것이므로 자기주식 처분이라고 볼 수 있다. 세법상 가격보다 초과해 자기주식을 취득하는 경우 법인의 입장에서는 시가 초과액은 자산금액에서 차감하고 이를 주주에 대한 배당으로 보게 된다. 단, 주주의 입장에서는 법인에 의해 배당 처리된 금액에 대해서 배당소득세가 과세된다.

참고로 법인이 자기주식을 취득하면서 시가보다 많은 현금을 받으면 차액만큼 익금으로 보기에 법인세가 과세될 수 있다. 그리고 자기주식을 소각할 경우 액면가가 자기주식 시가보다 크다면 감자차익이 발생한다.

만약 비상장법인의 주주가 자신의 주식을 제3자에게 팔고 엑시트한다면 주식에 대한 양도소득세 과세 문제가 발생할 수 있다. 이때 비상장주식이기 때문에 시가를 알기 어려워 그 가치를 평가해야 하는 문제도 생긴다. 가치평가에 따라 거래되는 비상장주식의 가치가 달라지고, 더불어 양도소득세와 증여세도 달라진다. 만약 가치평가가 잘못되면 이에 대한 소명 요청과 세무조사가 진행될 수 있어 비상장주식의 가치평가는 중요한 문제라고 할 수 있다.

실무상 비상장주식은 다음의 산식에 따라 계산한다.

주식의 가치=[(1주당 순손익가치×3)+(1주당 순자산가치×2)]/5

이때 부동산과다법인, 즉 법인의 자산총액 중에서 토지, 건물 등 부동산의 비율이 50% 이상인 경우에는 다음의 산식으로 계산한다.

주식의 가치=[(1주당 순손익가치×2)+(1주당 순자산가치×3)]/5

    부도가 발생해 청산 중에 있는 법인, 지속적으로 결손이 발생하는 법인, 장기간 휴업 중이거나 폐업 중인 법인, 사업을 시작한 지 3년 미만의 법인은 순자산가치로만 평가한다.

    특수관계인 간의 주식 거래에 있어서 시가와 대가의 차액이 3억 원을 초과하거나 그 차액의 비율이 시가 대비 30% 이상일 경우에는 증여세가 과세된다.

증여세 과세금액=시가와 대가의 차액−Min[시가×30%, 3억 원]

    한편 특수관계인이 아닌 자 간에 주식 거래를 하는 경우에는 시가와 대가와의 차액에서 3억 원을 차감한 금액을 증여금액으로 보고 과세한다.

배당은 어떻게 지급되고 회계처리될까?

    배당은 주주의 주요 수익원이다. 기업은 매출액에서 시작해 각종 비용을 차감하고 최종적으로 주주에게 귀속되는 당기순이익을 창출해낸다. 올해 창출된 당기순이익은 재무상태표상의 이익잉여금이라

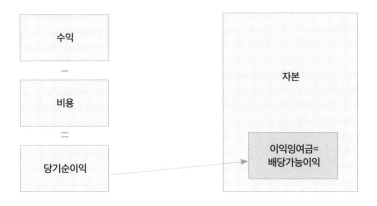

는 자본의 항목으로 흘러들어간다. 이익잉여금은 매년 벌어들인 당기순이익을 모으고 모아서 형성한 곳간의 곡식과도 같은 존재다. 이를 상법에서는 '배당가능이익'이라고 부른다. 배당을 줄 수 있는 재원이라는 뜻이다. 이익잉여금이 클수록, 이익잉여금의 원천인 당기순이익이 클수록 주주는 많은 배당을 가져갈 수 있다.

배당은 상법상 주주총회를 통해서 지급된다. 배당의 재원은 이익잉여금이지만 회계상으로는 주주총회를 거쳐 처분되므로 '미처분 이익잉여금'이 재원인 것이다. 주주총회를 통해서 배당으로 처분되고 그 과정에서 일정한 준비금도 적립하게 된다. 상법상으로는 현금배당액의 10%를 자본금의 1/2에 달할 때까지 이익준비금을 적립하도록 강제하고 있다. 이는 지나치게 배당을 많이 줘서 회사의 재원이 모두 유출되는 것을 방지하기 위함이다.

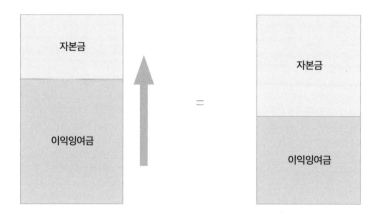

주식배당 시 자본은 불변

　　일반적으로 생각하는 배당은 주주총회를 통해서 현금으로 지급하는 현금배당이지만 다른 방식의 배당도 있다. 주주에 대한 이익의 분배는 모두 배당이라고 할 수 있는데, 현금 대신 주식으로 배당을 주는 경우도 있다. 이를 주식배당이라고 한다.

　　주식배당은 이익잉여금을 재원으로 주주들에게 주식을 발행해서 지급하는 것을 말한다. 즉 신규로 발행해 주는 주식 수만큼 자본금이 증가하고, 그만큼 이익잉여금은 감소하는 것이다. 주식배당은 현금처럼 재산이 기업 외부로 유출되지 않기 때문에 재정구조를 튼튼히 하는 면에서는 현금배당보다 좋다. 그러나 지나친 주식배당은 자본금의 비대화를 초래할 수 있다.

결산을 위한
재무제표 관리

    결산은 사업연도 기간 동안 기업의 경영활동과 재무상태에 관해
발생한 많은 거래를 기록한 자료를 근거로, 기업회계기준(GAAP)에
따라 일정한 시점에 기업의 재무제표를 작성하는 과정을 의미한다.
기업에서는 결산이라는 활동을 통해서 재무제표를 완성하고 다양한
목적으로 활용한다.

    결산을 위해 재무제표를 관리하는 것은 세무신고는 물론, 주식의
가치에도 영향을 줄 수 있다. 이는 엑시트 시 주식 처분가격과 세금에
도 영향을 미치고, 기업의 자본조달과 거래처와의 거래 등에도 큰 영
향을 준다. 재무제표상 실적과 자본구조가 안정적인 경우에는 당연

히 영업활동과 주주들 관계에 있어서 유리하다. 또한 결산을 통해 법인세를 절감할 수도 있다. 매출액을 인식하는 시기를 늦추고 비용을 인식하는 시기를 좀 더 당기면 순이익 및 과세표준을 줄여 세금을 절감할 수 있으며, 공제 및 감면 항목을 체크해 이를 인정받는 경우에는 세금을 절약할 수 있다.

모든 지출이 비용으로 인정되는 것은 아니다

뒤에서 자세히 설명하겠지만 무조건 지출을 한다고 해서 다 비용으로 인정되는 것은 아니다. 비용을 선급하면 일단 재무상태표상에 선급비용(자산)으로 인식된다. 선급비용 중에서 당해 연도의 비용 분은 당기의 비용으로 대체된다. 한편 비용을 미지급한 경우에도 발생주의 원칙에 따라서 당기 비용으로 인정된다.

이러한 비용을 지출할 때는 반드시 지출의 근거를 남겨야 하며, 임원들에게 지급되는 것은 과다 지급이 아닌지 확인해봐야 한다. 그리고 가공경비에 유의해야 하며, 경비 처리는 법인계좌 혹은 사업자계좌를 통해 이뤄지는 것이 세무상 유리하다.

재무제표에 반영해야만 비용으로 인정되는 항목인 감가상각비, 충당금, 대손금, 재고자산평가손실 등은 기업이 비용처리하지 않으면 비용으로 인정되지 않기에 반드시 챙겨야 한다.

벤처기업 인증이란 무엇인가?

벤처기업은 모험을 걸고 새로운 사업아이템과 비즈니스모델을 발굴해 시장을 개척하는 혁신기업을 의미한다. 정부에서 벤처기업을 육성하기 위한 다양한 정책을 추진하는 이유는 벤처기업의 활성화가 우리나라 경제 발전으로 이어지기 때문이다. 이러한 취지에서 존재하는 것이 벤처기업확인제도, 즉 벤처기업 인증이다. 벤처기업 인증을 받게 되면 벤처기업 육성에 관한 특별 조치법상 여러 혜택을 받는다.

혜택이 많다 보니 벤처기업으로 인증되는 것 자체가 스타트업 입장에서는 또 다른 목표가 되곤 한다. 물론 그 혜택을 누리기 위한 요건은 까다롭고 절차도 만만치 않다. 인증 유형에 따라서 요건이 다르기 때문에 미리 어떠한 것을 갖추고 준비해야 하는지 파악해둘 필요가 있다.

벤처기업 인증 유형과 절차

2021년 2월부터 벤처기업 인증 유형과 절차가 달라졌다. 그동안 기술보증기금이나 중소벤처기업진흥공단 등 공공기관이 진행하던 벤처기업 확인 업무를 민간에서 담당하게 되면서, 민간 벤처기업 생태계 전문가로 구성된 벤처기업확인위원회가 결성되었다. 절차는 기존과 동일하다. 단, 전문기관은 서류 검토와 현장 실사로 역할이 제한되었을 뿐이다.

2021년 이후부터 벤처기업의 유형도 달려졌다. 기존의 벤처기업 유형은 벤처투자기업, 연구개발기업, 기술평가보증기업, 기술평가대출기업, 예비벤처기업 다섯 가지로 분류되었다. 현재는 여기서 기술평가보증기업, 기술평가대출기업 유형이 폐지되었으며 대신 혁신성장유형이 추가되었다. 또한 벤처투자기업과 연구개발기업 유형의 요건도 완화되었다. 벤처투자기업의 경우 12개 인정 투자자 유형에서 8개 유형이 추가된다. 연구개발기업 유형은 기업 부설 연구소뿐만 아니라 연구 전담 부서, 창작 연구소, 창작 전담 부서 운영 중 한 가지 분야만 보유해도 가능하다.

중소벤처기업 벤처확인시스템 웹사이트 화면. 벤처기업 인증 절차와 요건을 확인할 수 있다.

연구개발기업 유형을 평가하는 전문기관도 기술보증기금, 중소벤처기업진흥공단에서 신용보증기금, 중소벤처기업진흥공단으로 변경되었다. 또한 벤처기업 평가지표도 개선되었는데, 기술 혁신성과 사업 성장성을 평가하는 부분에 성과뿐만 아니라 기반과 활동이 반영되었다. 기존의 벤처기업 인증 유효기간도 2년에서 3년으로 연장되었다.

벤처기업 인증 요건과 필요 서류를 구비하는 것은 쉬운 작업이 아니기에 이를 대행해주는 업체도 많이 있으며, 자문을 수행하는 로펌이나 회계법인도 있는 것으로 안다. 스타트업을 시작하면서 그 요건을 구비할 수 있는지 스스로 검토해보고 중소벤처기업부 및 관련 기관에 문의해 알아보는 것이 좋다.

중소벤처기업 벤처확인시스템 웹사이트(www.smes.go.kr/venturein)

벤처기업 확인 신청절차

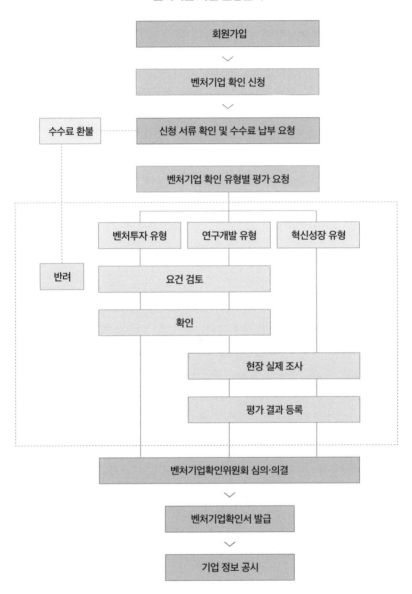

자료: 중소벤처기업 벤처확인시스템

에 접속해 나에게 맞는 벤처기업 유형과 벤처기업 확인 신청 서비스를 이용할 수 있다. 관련 절차와 요건도 확인할 수 있으니 꼭 확인하기 바란다.

벤처기업 확인 신청서를 작성해 신청하면 수수료 납부를 요청받게 된다. 이후 벤처기업 확인 유형별 평가 요청에 따라서 요건 검토가 이뤄지고, 현장 실제 조사와 평가 결과 등록을 통해 벤처기업확인위원회의 심의와 의결을 거쳐 벤처기업확인서를 발급는다. 자본과 다양한 요소에 따른 점수를 매겨 까다로운 인증 과정을 거치게 된다. 단, 인증만 받으면 다양한 혜택이 주어진다.

벤처기업 확인에 따른 혜택

구분	내용
세제	법인세·소득세 최초 벤처기업 확인일부터 5년간 50% 감면 * 대상: 창업벤처중소기업(창업 이후 3년 이내에 벤처기업 확인을 받은 기업)
	취득세 75% 감면, 재산세 최초 벤처기업 확인일부터 3년간 면제, 이후 2년간 50% 감면 * 대상: 창업벤처중소기업은 최초 벤처기업 확인일부터 4년 이내, 청년창업벤처기업의 경우에는 최초 벤처기업 확인일부터 5년 이내
금융	기술보증기금 보증한도 확대 * 일반 30억 원 → 벤처기업 50억 원, 벤처기업에 대한 이행보증, 전자상거래담보보증 70억 원
	코스닥 상장 심사기준 우대 * 자기자본: 30억 원 → 15억 원 * 법인세 비용 차감 전 계속사업이익: 20억 원 → 10억 원 * 기준 시가총액 90억 원 이상이면서 법인세 비용 차감 전 계속사업이익 20억 원 →10억 원 * 법인세 비용 차감 전 계속사업이익이 있고 기준 시가총액 200억 원 이상이면서 매출액 100억 원 → 50억 원 * 기준 시가총액 300억 원 이상이면서 매출액 100억 원 → 50억 원

입지	벤처기업육성촉진지구 내 벤처기업에 취득세·재산세 37.5% 경감
	수도권 과밀억제권역 내 벤처기업집적시설 또는 산업기술단지에 입주한 벤처기업에 취득세(2배)·등록면허세(3배)·재산세(5배) 중과 적용 면제
M&A	대기업이 벤처기업을 인수·합병하는 경우 상호출자제한 기업집단으로의 계열 편입을 7년간 유예
인력	기업 부설 연구소 또는 연구개발전담부서의 인정기준 완화 • 기업 부설 연구기관 연구전담요원의 수: 소기업(3년 미만 2명), 중기업 5명, 매출 5천억 원 미만 중견기업 7명, 대기업 10명 이상 → 벤처기업 2명 이상
	기업 부설 창작연구소 인력 기준 완화 • 일반 기업 10명, 중소기업 5명 이상 → 벤처기업 3명 이상
	스톡옵션 부여 대상 확대 • 임직원 → 기술·경영 능력을 갖춘 외부인, 대학, 연구기관, 벤처기업이 주식의 30% 이상 인수한 기업의 임직원
	총 주식 수 대비 스톡옵션 부여 한도 확대 • 일반 기업 10%, 상장법인 15% → 벤처기업 50%
광고	TV·라디오 광고비 3년간 최대 70% 할인: 정상가 기준 35억 원(105억 원/3년) 한도, TV·라디오 광고제작비 지원(택 1): TV 최대 50%, 라디오 최대 70% 지원 • 대상: 한국방송광고진흥공사에서 자체 규정에 따라 별도 선정

자료: 중소벤처기업 벤처확인시스템

우선 창업 후 3년 이내에 벤처기업 확인을 받았다면 법인세 또는 소득세의 50% 감면이 가능하다. 이러한 세금 감면은 벤처기업 확인을 받은 날로부터 5년간 적용된다. 또한 사업용 부동산을 취득할 경우에 들어가는 취득세를 75%까지 감면받을 수 있다. 재산세는 50% 감면받을 수 있어 엄청난 혜택이다. 여기에 추가적인 금융 지원이 있고, 중소기업 정책자금이나 기술보증기금 한도가 확대된다.

병역특례제도 알아두기

스타트업의 경우 인재를 영입하거나 우수한 직원을 채용하기가 쉽지 않은 것이 현실이다. 근로조건을 맞춰주기에는 아직 자금이 부족할 뿐만 아니라, 대부분의 우수인재가 대기업을 선호하는 것이 현실이기 때문이다. 그래서 바로 투입 가능한 우수인재를 활용하기 위한 방안으로 병역특례제도가 주목받고 있다. 소프트웨어 개발이나 IT 관련 업종에서 전문연구요원의 역할은 상당히 크기에 병역특례제도는 중소기업인 스타트업에게 큰 도움을 주고 있다.

병역특례제도는 국가 산업의 육성과 발전, 경쟁력을 강화하기 위해서 일정한 자격, 면허, 학력을 갖춘 병역자원 일부를 군복무 대신 병무청장이 선정한 병역지정업체에 일정 기간 종사하도록 지원하는 제도다. 병역특례제도는 1973년부터 시행되었는데, 중소기업에게는 기술 인력을 지원해 인력난을 해소하고 고급 인력에게는 과학기술 연구 기회를 제공하는 순기능이 있다. 병력 충원에 지장이 없는 범위 내에서 제도를 운용한다. 최근 IT업계에서 경쟁력 있고 전문적인 인재를 확보하는 방안으로 많이 활용되고 있다.

병역특례는 두 가지로 구분되는데, 첫째는 연구기관에서 과학기술 연구 및 학문 분야에 종사하는 '전문연구요원'이 있고, 둘째는 산업체에서 제조 및 생산 분야에 종사하는 '산업기능요원'이 있다. 전문연구요원은 석사 이상의 학위 소지자로 36개월간 연구기관이나 산업체의 부설 연구소에서 근무하게 된다. 산업기능요원은 현역 입영 대상자 또는 공익근무요원 소집 대상인 보충역 중 일부로 중소기업의 생산 현장에 투입되어 근무하게 된다.

이러한 병역특례제도는 산학연계 체결 시 학생으로 하여금 기업 내에 필요한 기술을 미리 학습하도록 교육 단계에서부터 지원해 취업까지 이어지는 순기능이 있다. 같은 신입사원이더라도 병역특례요원 출신의 경우 업무 기술을 습득하는 기간을 효율적으로 줄일 수 있다. 병역특례요원 편입 시 3개월 인턴 기간을 거쳐 직무에 적합하지 않을 경우 편입을 거부할 수도 있어 기업에게는 큰 장점으로 보인다. 또한 각종 정책자금 지원사업에서 우대를 받을 수도 있다.

병역특례제도의
조건과 필요 서류

병역특례제도 신청 제외 요건은 다음과 같다.

1. 공업 분야 공장 또는 사업장의 상시근로자가 10인 미만인 업체(산업체)
2. 다음 사유로 병역지정업체 선정이 취소된 후 5년이 경과되지 않은 업체
    ① 근로기준법 위반으로 고발되어 벌금형 이상이 확정된 경우
    ② 복무관리 부실 사유 등으로 벌금형 이상의 형이 확정된 경우
    ③ 업체 요청
3. 산업재해보상보험법 제37조 제1항에 따른 업무상 재해(동법 제37조 제1항 제3호 나목은 제외)로 사망사고가 발생하거나 산업안전보건법 제10조에 따라 고용노동부장관이 산업재해 발생건수 등을 공표한 사업장에 포함된 후 5년이 경과되지 아니한 업체
4. 공업, 에너지산업, 광업, 건설업 분야 업체로서 중견기업 또는 중소기업의 범위에 해당하지 아니한 산업체
5. 병역지정업체 선정 추천권자의 추천등급이 낮은 업체
6. 재단법인 또는 병역법 시행령 제47조에 규정한 공공단체
7. 산업재해보상보험법 제37조 제1항에 따른 업무상의 재해로 기능요원이 사망한 업체. 단, 동법 제37조 제1항 제3호 나목에 해당하는 사유는 제외
8. 산업안전보건법 제49조 제1항 제1호에 따른 최근 1년간 산업재해율이 같은 업종의 규모별 평균 산업재해율보다 높은 업체. 단, 출퇴근, 출장, 야유회 등 해당 사업장 외의 장소에서 발생한 재해는 제외
9. 근로기준법 제43조의2에 따른 고용노동부장관이 공개한 체불사업주가 대표자인 업체
10. 국세청장이 국세징수법 제114조에 따라 공개한 고액·상습체납 업체

병역특례제도는 일정한 조건을 충족해야 한다. 공통 신청 조건으로는 중소기업기본법 제2조에 해당하는 중소기업 중 법인인 기업이어야 하며, 상시근로자 수는 10명 이상(벤처기업은 5명 이상)이어야 하고, 직전연도 산업재해율이 동종 업계 규모별 평균 산업재해율보다 낮아야 한다. 업종별 신청 조건, 필요 서류를 자세히 살펴보면 다음과 같다.

업종별 선정 기준

분야	업종	선정 기준	추천권자(접수기관장)
공업	철강, 기계, 전기, 전자, 화학, 섬유, 신발, 생활용품, 통신기기, 시멘트·요업	• 제조업을 경영하는 업체로서 등록된 공장 • 6개월 평균 상시근로자 수 10인 이상 (마이스터고 협약 및 특성화고 3자 협약을 체결한 벤처기업은 5인 이상) • 제조·매출 실적이 있는 업체 • 제조시설이 다른 업체와 물리적으로 완전히 분리된 업체	중소벤처기업부장관 (중소벤처기업진흥공단), 산업통상자원부장관 (한국중견기업연합회장)
	의료·의약	상동	보건복지부장관 (한국의료기기공업협동조합장, 한국제약바이오협회장, 한국화장품전문가협회장)
	농산물 가공, 동물의약품	상동	농림축산식품부장관 (한국식품산업협회장, 한국동물약품협회장)
	임산물 가공	상동	산림청장(산림청장)
	식품·음료	상동	식품의약품안전처장 (한국식품산업협회장)

	수산물 가공	상동	해양수산부장관 (시장, 도지사)
공업	정보처리	• 정보처리업을 경영하는 업체로서 등록된 사업장 • S/W 개발이 주된 사업이며 그 사업의 매출액이 전체 매출액의 30% 이상인 업체 • 6개월 평균 상시근로자 수 10인 이상 (마이스터고 협약 및 특성화고 3자 협약을 체결한 벤처기업은 5인 이상) • 사업시설이 다른 업체와 물리적으로 완전히 분리된 업체	중소벤처기업부장관 (중소벤처기업진흥공단), 산업통상자원부장관 (한국중견기업연합회장)
	게임 S/W 제작, 애니메이션 제작	• 정보처리업을 경영하는 업체로서 등록된 사업장 • 게임 S/W 제작, 애니메이션 제작이 주된 사업이며 그 사업의 매출액이 전체 매출액의 30% 이상인 업체 • 6개월 평균 상시근로자 수 10인 이상 (마이스터고 협약 및 특성화고 3자 협약을 체결한 벤처기업은 5인 이상) • 사업시설이 다른 업체와 물리적으로 완전히 분리된 업체	문화체육관광부장관 (한국컨텐츠진흥원장)
해운· 수산	해운	• 총톤수 합계 1,500톤 이상의 선박을 보유하고 해상화물운송사업을 경영하는 업체 • 총톤수 합계 5천 톤 이상의 외항선박 관리업체	해양수산부장관 (한국해운협회장, 선박관리산업협회장, 한국해운조합장)
	수산	• 어선(임차선박을 포함) 5척 이상 또는 총톤수 합계 500톤 이상의 선박을 보유하고 원양 또는 근해어업을 경영하는 업체	해양수산부장관 (한국원양산업협회장, 수협중앙회장)
광업		• 광물(석탄 제외)의 채굴사업을 경영하는 종업원 수 10인 이상인 업체 • 선광·제련사업을 경영하는 업체 • 연간 1만 2천 톤 이상의 석탄 채굴업체	중소벤처기업부장관 (중소벤처기업진흥공단), 산업통상자원부장관 (한국중견기업연합회장)
에너지		• 발전 및 발전보수업을 경영하는 업체 • 정유·가스업을 경영하는 업체	중소벤처기업부장관 (중소벤처기업진흥공단), 산업통상자원부장관 (한국중견기업연합회장)

구분	내용	추천기관
건설	• 종업원 수가 100인 이상인 업체로서 건설업 또는 해외건설의 면허를 받거나 등록해 건설업 또는 해외건설업을 경영하는 업체	국토교통부장관 (대한전문건설협회장, 대한기계설비건설협회장, 해외건설협회장)
방위산업	• 방위사업법에 의해 지정된 업체	한국방위산업진흥회장

자료: 병무청

구비서류

구분	연구기관	산업체
구비 서류 내용	• 병역지정업체 선정 신청서 • 법인등기부등본	
	• 연구기관 인정(지정)서 사본 또는 방위산업연구기관 위촉서 사본 • 연구전담요원 근로소득원천징수부 사본 및 학위수여증명서 • 벤처기업확인서(벤처기업 부설 연구기관만 해당)	• 공장등록증명서(공업 분야) • 사업자등록증 사본(정보처리 분야) • 사업에 관한 허가·등록·면허증 사본 • 방위산업체지정서 사본(방위산업 분야)

※ 평가 관련 서류 등을 포함한 전체 구비서류는 추천기관(접수기관)의 병역지정업체 선정 신청 접수 공고에서 확인

자료: 병무청

반드시 알아야 하는 노무관리 리스크

    최근 스타트업을 포함한 중소기업의 경영에 있어서 노무관리 리스크가 갈수록 커지고 있다. 과거에는 특별한 충돌 없이 노사관계가 유지되었지만 요즘에는 노사 간 분쟁과 그 심각성이 확대되고 있는 추세다. 과거와 달리 이제는 누구나 쉽게 노무 정보를 찾아볼 수 있고, 여러 웹사이트를 통해 무료로 각종 수당, 퇴직금, 최저임금과 관련된 궁금증을 해소할 수 있기 때문이다. 또 고용노동부의 근로 질서에 대한 점검이 강화되면서 경영자라면 이에 대해 대비할 필요성이 있다. 고용노동부의 점검이란 말 그대로 근로감독관이 회사에 직접 방문해서 회사가 근로자와의 관계에서 노동법대로 근로조건을 부여하고 있는지, 회사가 노동법상 의무를 다하고 있는지 등을 점검하는 것이다.

고용노동부 점검의 유형과 절차

고용노동부 점검의 유형은 근로감독관의 정기 점검과 공인노무사의 근로조건 자율개선 점검 두 가지로 나뉜다. 현재는 정기 점검과 근로조건 자율개선 점검이 동시에 이뤄지고 있다. 고용노동부의 정기 점검은 상반기와 하반기로 나눠 두 번 이뤄지고, 공인노무사의 근로조건 자율개선 점검은 하반기에 한 차례 이뤄지다 2018년부터 상반기와 하반기로 나눠 두 번 이뤄진다.

고용노동부 정기 점검의 절차는 생각보다 간단하다. 우선 정기 점검 대상에 선정되면 회사로 안내 전화나 공문이 온다. 이후 고용노동부 근로감독관 방문 일정을 협의해 방문조사를 진행한다. 만약 이 과정에서 노동법 위반 사실이 발견되면 근로감독관은 회사에 시정지시를 내리고, 약 한 달 이상 기한을 정해 시정하도록 기회를 준다. 기한 내에 시정을 하지 않으면 과태료 등이 부과될 수 있다.

공인노무사의 근로조건 자율개선 점검의 주요 점검 내용은 다음과 같다. 먼저 근로기준법과 관련해서는 모든 근로자가 근로계약서를 작성했는지, 필수 규정사항이 들어가 있는지, 교부했는지, 근로시간 및 휴게시간이 적법한지, 퇴직한 근로자에게 퇴직일로부터 14일 이내에 금품청산을 했는지, 임금을 임금 지급 원칙에 따라 지급했는지, 연차휴가를 적법하게 부여했는지, 미사용 연차수당을 지급했는지, 연차관리대장을 작성했는지, 연장수당·야간수당·휴일근로수당을 제대로 지급했는지, 주휴수당을 부여했는지, 18세 미만자와 임산부의 근무시간을 준수했는지, 취업규칙을 신고했는지 여부 등을 점검한다.

근로자퇴직급여 보장법과 관련해서는 퇴직금을 법적 기준에 맞게 지급했는지, 퇴직연금 가입자라면 교육을 실시했는지 여부 등을 점검한다. 최저임금법과 관련해서는 최저임금 이상으로 급여를 지급했는지, 최저임금 안내문을 게시했는지 여부 등을 점검한다. 남녀고용평등과 일·가정 양립 지원에 관한 법률과 관련해서는 직장 내 성희롱 예방교육을 실시했는지, 관련 서류를 보존했는지, 직장 내 성희롱 처리 과정 및 결과가 적법한지 여부 등을 점검한다. 마지막으로 고용보험 및 산업재해보상보험의 보험료징수 등에 관한 법률, 고용보험법과 관련해서는 4대보험신고가 적법한지 여부를 점검한다.

세무조사,
미리 대비하자 ①

세무조사는 납세의무자가 신고한 세무처리에 대해서 과세관청이 탈세나 조세회피 행위를 적발하고, 세법에 따라 추징이나 가산세 부과 등을 하기 위한 과정을 의미한다. 지금부터 각종 세무신고 시 발생할 수 있는 세무 위험과 세무조사에 대비해 검토할 사항을 소개해보도록 하겠다.

양도소득세신고를 한다고 가정해보자. 양도소득세는 언제까지 예정신고를 해야 할까? 그리고 상가를 양도하는 경우에는 부가가치세를 언제까지 신고해야 할까? 양도소득세는 양도일이 속한 달의 말일로부터 2개월 내에 예정신고 및 납부를 해야 한다. 여기서 양도일은 일반적으로 잔금청산일을 의미한다. 한편 폐업에 따른 부가가치세는 폐업일이 속한 달의 말일로부터 25일 내에 신고해야 한다.

이번에는 증여세신고에 대해서 생각해보자. 부모로부터 1억 원을 증여받은 경우 증여세는 증여일이 속한 달의 말일로부터 3개월(상속세는 상속개시일이 속하는 달의 말일로부터 6개월) 내에 신고 및 납부해야 한다. 그런데 신고를 누락한 경우 수정신고가 아닌 기한후신고를 해야 한다. 수정신고는 법정신고기한 내 신고한 자만 할 수 있기 때문이다. 예정신고와 확정신고는 세목별로 법정신고기한 내에 신고납부를 해야 하고, 법정신고기한을 넘겨 신고하면 가산세를 내야 한다. 세법의 기준보다 세금을 적게 납부했을 때 신고하는 것을 수정신고라고 하는데, 수정신고는 법정신고기한 내에 신고한 경우에만 할 수 있다.

참고로 법정신고기한 후 2년 내에 수정신고 시 가산세를 10~50% 감면한다. 기한후신고의 경우 법정신고기한 내에 신고하지 않은 자는 과세관청이 과세표준과 세액을 결정해 통지하기 전까지 신고납부가 가능하다. 법정신고기한 후 6개월 내에 신고하면 가산세를 20~50% 감면한다.

위와 반대로 과다 납부한 세액을 돌려받는 제도를 경정청구라고 한다. 경정청구는 세금을 세법에 의한 금액보다 많이 신고해 납부한 경우 이를 돌려받는 것으로, 법정신고기한 경과 후부터 5년(후발적 사유로 인한 경정청구는 3개월) 이내에 실행해야 과다 납부한 세액을 바로잡을 수 있다.

세무조사 리스크는
어떻게 발생할까?

신고한 소득이 업종의 평균 소득률에 미달하면 세무조사 리스크가 발생한다고 볼 수 있다. 즉 세무조사를 받을 가능성이 높아진다는 뜻이다. 단, 소득률이 하락했다고 해서 무조건 세무조사가 나오는 것은 아니다. 소득률의 하락은 세무조사 대상 선정 시 참고자료일 뿐이다. 특정한 경비지출내역이 갑자기 급증하면 가공경비의 계상 가능성이 있다고 판단해 관할 세무서에서 해당 부분의 소명을 요구할 수도 있다. 이러한 부분은 사전에 대비해야 한다.

세무조사는 세금을 부과할 수 있는 기간 내의 거래 등을 대상으로 이뤄질 수 있다. 그래서 세무조사가 뒤늦게 발생하면 본세는 물론, 신고불성실가산세 및 납부불성실가산세의 부담이 커질 수 있다. 따라서 과거에 발생한 거래들에 대해서도 현재 세무상 이슈를 파악하고 대비해둘 필요가 있다. 가령 법인세를 예로 들어 회사가 대표이사에게 1억 원을 무이자로 대여했다고 해보자. 법인의 자금을 특수관계자인 대표이사에게 무이자로 빌려주는 것은 법인의 자산에 대한 사외유출에 해당한다. 이에 대해 세법은 인정이자상당액을 법인의 익음으로 판단해 법인세를 부과하고, 대표이사가 이를 상여로 지급받은 것으로 간주해 근로소득세를 과세한다.

만약 가공경비를 계상한 것이 세무조사에서 밝혀지면 손금불산입(익금산입)되어 해당 세액을 추징당할 것이다. 물론 가공경비를 계상

한다고 해서 세무서에서 바로 이를 감지할 수 있는 것은 아니다. 이 부분은 다른 세무조사 과정에서 적발될 가능성이 더 크다. 과세관청은 세무조사 전에 개인사업자나 법인이 신고한 내용에 가공경비 등이 계상되었는지를 밝히기 위해 무증빙분석시스템 등 여러 분석도구를 사용한다.

세무조사는 국세부과 제척기간 내의 모든 사업연도의 거래에 대해 조사할 수 있지만, 실무상으로는 사업연도 5년 내의 사안에 대해 세무조사를 개시할 가능성이 크다. 그리고 5년이 지난 사안에 대해서는 세무조사 가능성이 낮다고 볼 수 있다. 당연히 세무조사 시기는 예상할 수 없으므로 평상시에 세법상 위험요인을 관리해줘야 한다.

과거에 발생한 거래에 오류가 있다면 가산세를 줄일 수 있는 대책은 다음과 같다. 우선 중대한 오류의 경우에는 수정신고를 하는 것을 추천한다. 수정신고는 납세 고지 전이라면 언제든지 가능하다. 가령 매출 누락이 있을 경우 신고불성실가산세가 발생하는데, 수정신고를 하면 가산세가 감면된다. 법정신고기한이 지난 후 6개월 이내에 자발적으로 수정신고를 하면 50% 감면받을 수 있고, 6개월 초과 1년 이내에 자발적으로 수정신고 시 20%를 감면받을 수 있다. 또 1년 초과 2년 이내에 자발적으로 수정신고하면 10%를 감면받을 수 있다.

만약 오류가 경미한 수준이라면 추후 세무조사 시에 대응해도 괜찮다. 사소한 오류는 어디에나 존재할 수 있다. 가령 접대비를 복리후생비로 계상하거나 계정과목 오류 같은 경우에는 눈감아주는 경우도 있다고 한다. 물론 추징세액이 발생할 가능성도 있으니 혹시나 손금불산입 항목을 손금으로 계상한 것은 없는지 미리 검토해두는 것이 좋다.

참고로 법인의 경우에는 실무적으로 부가가치세법 위반 여부를 먼저 파악하고, 그다음 법인세법 및 소득세법 위반 여부를 점검하고, 마지막으로 법인의 지출의 귀속자를 검토해 순서대로 리스크를 제거하는 것이 중요하다. 법인은 지출이 발생할 시 업무 관련성에 대한 소명자료, 적격증빙 수취, 거래상대방에 대한 입금 여부 등에 대한 자료를 구비해둬야 위험에 대비할 수 있다.

자금출처조사와 세무조사의 관계

부동산을 취득하는 경우 세무조사와 관련해 가장 신경 써야 하는 부분이 바로 자금출처조사다. 자금출처조사 배제기준(나이 및 세대 기준으로 나뉘며, 대략 5천만 원에서 3억 원 사이의 자금)에 해당하지 않으면 누구라도 자금출처조사 대상이 될 수 있다. 만약 자금출처조사를 받게 되면 자금의 출처를 적극적으로 소명해야 하는데, 소명 부족액이 발생할 경우 이에 대한 출처를 파악하기 위해 과세관청이 세무조사를 실시할 수도 있다.

참고로 국세청 PCI(소득-지출 분석 시스템)에 의해 자금출처조사 없이도 바로 세무조사 대상자가 될 수도 있다. 국세청은 이 시스템을 이용해 과세자료를 체계적으로 통합하고 관리하고 있으며, 일정 기간 개인의 신고소득과 재산 증가, 소비지출액을 분석해 지능적 탈세수단에 보다 효과적으로 대처하고 있다.

세무조사
예방법

세무신고를 해야 하는 거래를 하는 이상 세무상 리스크는 언제든지 문제가 될 수 있다. 대기업이라 하더라도 세무조사를 피해갈 수 없는 것은 마찬가지다. 매일 새로운 이슈가 생성되고, 시행령이 개정되고, 세법이 복잡해지고 있는 상황에서는 더더욱 세무조사의 위험성을 관리할 필요가 있다. 세무조사에 돌입된 이후에는 돌이키기 어렵다. 그래서 세무조사가 나오지 않도록 미리 준비하고, 세무조사에 대비해 예방 조치를 취하는 것이 중요하다.

자주 발생하는 거래는 되도록 매뉴얼을 통해 관리하는 것이 현명하다. 또한 사후에 발생할 세무조사나 조세불복 과정에서 입증할 수 있는 자료도 미리 준비해두는 것이 좋다. 우선 매출과 관련된 자료로는 계약서 작성 및 보관, 세금계산서 발급, 대금 입금내역 확보 등에 신경 써야 한다. 반대로 매입과 비용 관련 자료로는 계약서를 구비하고, 적격 영수증(세금계산서, 계산서, 매출전표 등)을 수취하고, 입금처에 대한 사업자등록증 사본 등을 징구하고, 무자료 거래 시 거래사실확인서 등을 징구하는 것이 좋다.

어쩌다 한두 번 발생하는 프로젝트성 거래의 경우에는 판례, 예규 등 해석에 따라 세무 자료를 미리 준비해두는 것이 좋다. 특히 고액 거래의 경우에는 전문가 등의 검토를 거치고, 그래도 불확실하다면 국세청 질의회신 등을 통해 근거를 마련할 필요가 있다. 국세청의 답변을 받아두면 신의성실의 원칙에 따라 보호받을 수 있기 때문이다. 그리고 특수관계인과의 거래인 경우에는 거래에 대한 타당성 검토와 시가 관련 서류(감정평가서 혹은 평가보고서) 등을 징구받는 것이 좋으며, 비과세나 세액 감면의 경우에는 그에 대한 근거자료를 회계사 등을 통해 검토할 필요가 있다.

질의회신과 세법해석 사전답변제도를 어떻게 이용할지 좀 더 자세히 살펴보자. 우선 명확한 해석 사례가 검색되지 않거나 세무상 쟁점이 발생하면 질의회신 또는 세법해석 사전답변을 신청해 문제를 해결하는 것이 좋다. 특히 세법해석 사전답변제도는 질의한 사실관계와 답변 내용에 따라 세무처리 시 국세청이 답변에 반하는 처분을 하지 못하도록 하는 구속력(국세기본법 제16조 등)을 가지게 된다.

실무자일지라도 서면질의와 세법해석 사전답변제도가 다소 헷갈리고 어려울 수 있다. 서면질의는 민원인의 세법해석과 관련한 일반적 질의에 대한 답변으로, 모르는 점에 대한 일반론적 답변이라고 보면 된다(법령사무처리규정 제2조 제9호). 한편 세법해석 사전답변은 민원인이 자신의 개별적이고 구체적인 세법해석 질의에 대해 명확한 답변을 받아 세무신고의 적정성을 확보하고자 함에 그 목적이다(법령사무처리규정 제2조 제10호).

두 제도 모두 민원사무로써 국세청의 유권 해석의 성격을 가진다. 단, 서면질의는 세법해석에 대한 사항이면 제한 없이 신청이 가능한 반면, 세법해석 사전답변은 이미 사실관계가 확정되었거나 조만간 확정될 것이 확실한 민원인 본인의 특정 거래에 대한 세법해석 사항에 대해서만 신청 가능하다는 차이가 있다. 서면질의제도는 과세관청을 구속하지는 않으나 종사 직원의 세법 적용 판단기준이 되므로 사실상 외부적인 효력을 가지고 일반론적 견해 표명에 불과해 신의성실의 원칙이 적용되지 않는다. 반면 세법해석 사전답변제도는 과세관청을 구속하도록 훈령에 명시하고 공적 견해 표명에 해당해 신의성실의 원칙이 적용된다.

세무조사, 미리 대비하자 ②

아무리 철저히 세무처리를 해왔다 하더라도 세무조사가 시작되면 세금 추징은 발생할 수밖에 없다. 세무조사 외에도 수정신고 안내문을 받거나, 과세자료 해명요구서를 받거나, 과세예고통지서를 받는 등 다양한 형태의 세무적 제재가 발생할 수 있다. 이러한 국세청의 조치에 대한 대처는 그야말로 '케이스 바이 케이스'다.

우선 수정신고 안내문을 수령한 경우에는 수정신고를 하는 것이 안전하다. 이 경우 가산세 감면이 되는지 여부가 핵심인데 세법은 안내문을 받고 수정하는 경우 가산세 감면을 불허하고 있다. 감면을 받으려면 자발적으로 신고해야 하기 때문이다. 한편 과세자료 해명요구서를 받은 경우에는 즉각적으로 연락을 취해 최대한 빨리 해명을 해야 한다. 적어도 10일 이내에는 해명하는 것이 안전하다. 만약 준비기간이 필요하다면 담당 조사관에게 연락해서 공식적으로 기한을 연장해야 한다. 과세예고통지서를 받은 경우에는 직권시정을 요구하거나 과세전적부심사제도를 이용하면 된다.

세무조사 사전통지서를 받았다면 조사가 나오는 이유, 조사기간, 조사 연기 여부 등을 검토해야 한다. 이때는 세무조사가 실시되기 전에 서류 등을 정리해두는 것이 좋다. 세무조사 사전통지서에는 연기 가능한 사유가 열거되어 있는데 다음과 같다.

국세기본법 제81조의7 및 시행령 제63조의7
1. 화재, 그 밖의 재해로 사업상 심각한 어려움이 있을 때
2. 납세자 또는 납세관리인의 질병, 장기출장 등으로 세무조사가 곤란하다고 판단될 때
3. 권한 있는 기관에 장부, 증거서류가 압수되거나 영치되었을 때
4. 제1호부터 제3호까지의 규정에 준하는 사유가 있을 때

세무조사를 연기하기 위해서는 담당 조사공무원에게 연락해 상의한 후 처리하면 된다. 세무조사가 나온 경우라면 먼저 적법한 절차에 의한 세무조사인지, 중복 조사인지, 조사 사유는 무엇인지, 세무서에서 나온 것인지 지방청에서 나온 것인지, 연기할 것인지 등을 검토해야 한다. 세무조사가 정당하다면 세무조사 절차에 맞게 대응해 조세부담을 최소화하는 것이 좋다.

세무조사의
구체적인 절차

그렇다면 세무조사는 구체적으로 어떠한 절차에 따라 진행될까? 먼저 세무조사가 이뤄지기 전에 준비조사를 시행한다. 이때 조사기관에서는 주로 국세청 통합전산망(TIS)을 중심으로 사전분석을 시행한다. 그리고 세무조사 착수 전에 세무조사에 필요한 내용을 조사하고 과세자료를 입수하는 예비조사를 거친다. 이후 세무조사 착수 15일 전까지 세무조사 사전통지서를 송달하고, 세무조사를 실시한다. 세무조사 과정에서 조사기간의 연장이 이뤄지거나 세무조사 범위가 확대되거나, 세무조사가 중지되거나, 중간설명제도 등의 이슈가 발생할 수 있다. 마지막 절차로 조사 종료일로부터 20일 이내에 세무조사 결과를 통지하고, 제세결정결의안 통보 및 결재를 하고, 소득금액 변동통지를 하면서 세무조사가 종결된다.

세무조사에 있어서 권리가 침해된 경우 조사관서의 납세자보호담당관에게 권리 보호를 요청할 수 있다. 구체적인 조치사항은 다음과 같다. 먼저 명백한 조세 탈루혐의 없이 이미 조사한 부분에 대한 중복조사와 세법를 위반해 조사하는 행위를 한 경우에는 세무조사 중지를 요청할 수 있고, 조사기간이나 조사 범위를 임의로 연장하거나 확대하는 행위를 한 경우 시정요구 및 시정명령을 요청할 수 있다. 만약 조사담당자가 금품이나 향응을 요구하거나 기타 침해행위를 2회 이상 반복할 경우 조사반 교체 및 징계를 요구할 수 있다.

국세기본법에 따르면 구체적인 세무조사권 남용 금지 사유를 규정하고 있다.

국세기본법 제81조의4

1. 세무공무원은 적정하고 공평한 과세를 실현하기 위해 필요한 최소한의 범위에서 세무조사(조세범 처벌절차법에 따른 조세범칙조사를 포함한다. 이하 이 조에서 같다)를 하여야 하며, 다른 목적 등을 위해 조사권을 남용해서는 아니 된다.

2. 세무공무원은 다음 각 호의 어느 하나에 해당하는 경우가 아니면 같은 세목 및 같은 과세기간에 대하여 재조사를 할 수 없다.

   ① 조세 탈루의 혐의를 인정할 만한 명백한 자료가 있는 경우

   ② 거래상대방에 대한 조사가 필요한 경우

   ③ 2개 이상의 과세기간과 관련하여 잘못이 있는 경우

   ④ 제65조 제1항 제3호 단서(제66조 제6항과 제81조에서 준용하는 경우를 포함한다) 또는 제81조의15 제5항 제2호 단서에 따른 재조사 결정에 따라 조사를 하는 경우(결정서 주문에 기재된 범위의 조사에 한정한다)

   ⑤ 납세자가 세무공무원에게 직무와 관련하여 금품을 제공하거나 금품 제공을 알선한 경우

   ⑥ 제81조의11 제3항에 따른 부분조사를 실시한 후 해당 조사에 포함되지 아니한 부분에 대하여 조사하는 경우

   ⑦ 그 밖에 제1호부터 제6호까지와 유사한 경우로서 대통령령으로 정하는 경우

3. 세무공무원은 세무조사를 하기 위해 필요한 최소한의 범위에서 장부 등의 제출을 요구하여야 하며, 조사대상 세목 및 과세기간의 과세표준과 세액의 계산과 관련 없는 장부 등의 제출을 요구해서는 아니 된다.

4. 누구든지 세무공무원으로 하여금 법령을 위반하게 하거나 지위 또는 권한을 남용하게 하는 등 공정한 세무조사를 저해하는 행위를 하여서는 아니 된다.

세무조사는 원래부터 존재해 있던 세무상 위험이 현실화된 상황을 말한다. 간단히 말해 세무에 대해 국세공무원이 조사를 개시하는 것인데, 이 과정에서 개인이나 법인 등이 세법을 위반해 세무상 신고 등을 한 경우에는 세금을 추징하게 된다. 또한 조세범 처벌법에 의해 형벌을 부과할 수도 있다. 그럼 세무조사는 언제 나오는 걸까?

우선 세무조사 대상자에 대한 정보를 과세관청이 어떻게 파악하고 있는지 알아야 한다. 국세청 통합전산망에는 각 부처에서 수집된 개인에 대한 다양한 정보가 모여 있다. 예를 들어 주택을 취득했을 때 주택과 관련된 법원의 등기사항, 거래금액 등의 자료가 저장되어 있고, 개인의 입출국기록도 알 수 있다. 이러한 자료는 세무조사 대상을 선정할 때 참고자료로 활용된다. 그러나 단순히 거래나 출국이 있다고 해서 세무조사를 하는 것은 아니다. 소득을 제대로 신고했다면 문제될 것이 없다.

세무조사 리스크에 대비하는 방법

그렇다면 세무조사를 예방하기 위해서는 어떤 것을 준비해야 할까? 본론부터 말하면 우선 본인의 신고소득 대비 생활수준이 적정한지 점검해봐야 한다. PCI를 도입한 국세청은 개인이나 법인사업자의 지출수준이 신고소득보다 크다면 소득 탈루혐의자로 보고 세무조사를 진행한다. 가령 최근 5년간의 소득과 지출수준을 비교해 탈루소득을 적발하면 해당 개인이나 법인사업자를 세무조사 대상자로 선정한다. 먼저 개인의 사례를 살펴보면 양도소득세신고 내용에 오류나 탈루가 있거나, 상속세나 증여세의 신고 내용을 확정하는 과정에서 오류나 탈루가 포착되거나, 자금출처조사에 의해 증여세 탈루혐의가 드러날 경우 세무조사가 이뤄진다. 그다음 개인사업자는 부가가치세나 종합소득세의 신고 내용에 오류나 탈루가 있거나, 탈세 제보가 있거나, 기획조사 등에 의해 선정된 경우(고소득자, 현금수입업종 등) 세무조사가 이뤄진다. 마지막으로 법인사업자는 부가가치세나 법인세의 신고 내용에 오류나 탈루가 있거나, 탈세 제보가 있는 경우에 세무조사가 이뤄진다.

예를 들어 학원의 경우 차명계좌 등을 활용해서 수입을 탈루하는 사례가 빈번하므로 세무조사가 많이 이뤄진다. 국세청은 수입금액 누락 여부, 가공경비 계상이나 가사경비 계상 여부를 조사하며, 업계 평균 대비 신고소득률 적정 여부 등을 조사한다.

결국 미리 예방적 차원에서 대책을 수립하는 것이 중요하다. 개인의 경우 특수관계인 간에 거래를 하는 경우, 매매 횟수가 빈번한 경우, 양도가액이 높은 경우, 취득가액이 시세보다 높은 경우, 고액의 상속이나 증여가 있는 경우, 거액의 토지보상금을 받은 경우 특히 주의해야 한다. 또 개인사업자는 매출액이 높은 경우, 신고성실도가 낮은 경우, 고가의 주택을 취득한 경우, 신고소득률이 낮은 경우, 명백한 과세자료가 있는 경우, 적격증빙 수취가 지나치게 부족한 경우, 현금수입업종이거나 고소득직군인 경우, 사업자가 사망하거나 개업과 폐업이 반복되는 경우 세무조사에 대비할 필요가 있다. 법인사업자 역시 매출액이 높은 경우, 대기업 집단에 해당하거나 신고성실도가 낮은 경우, 장기간 조사를 받지 않은 경우, 명백한 과세자료가 있는 경우, 대표이사 혹은 임원의 개인적 지출이 높은 경우, 대주주가 사망하거나 납세지를 자주 옮기는 경우, 합병 혹은 분할을 해서 과세이연 등 혜택을 본 경우 세무조사에 대비해야 한다.

세무조사를 통해서 발생하는 세무 리스크는 보통 국세부과 제척기간(일반적으로 10년) 동안 잔존하고, 세금 추징뿐만 아니라 가산세 부과가 가능하고, 조세범 처벌법상의 처벌을 받을 수 있어 관리가 더욱 중요하다.

탈세와 절세의
구분 기준

세무조사는 탈세 행위나 조세회피 행위에 대해서 진행된다. 당연히 절세 행위에 대해서는 세무조사 위험이 없다. 그런데 일반인은 어떤 행위가 탈세이고, 어떤 행위가 절세인지 구별이 쉽지 않다.

일반적으로 탈세 행위는 조세법을 직접적으로 침해하는 것을 말하고, 사법상 거래는 무효에 해당한다. 또 본세 추징, 가산세가 부과되고 형벌의 대상이 되는 행위이기도 하다. 한편 조세회피 행위는 조세법을 간접적으로 침해하는 것을 말하고, 사법상 거래는 유효하지만 과세표준을 세법에 따라 다시 계산하게 된다. 이러한 조세회피 행위는 추징이나 가산세 부과는 있으나 형벌 부과는 없는 특징이 있다. 반면 절세는 조세법을 적법하게 이용하는 것을 의미하고 절세 행위에 대해서는 아무런 제재가 없는 것이 특징이다.

가산세란 탈세 행위에 대한 불이익으로 무신고 및 과소신고 시 벌금형과 징역형을 받을 수도 있다. 조세범 처벌절차법에 의해 범칙조사를 받고, 그 결과에 따라 고발이나 통고처분 등의 범칙처분을 받게 된다. 국세부과 제척기간의 경우에도 부정행위에 의한 제척기간은 상증세는 15년, 소득세는 10년으로 확대된다. 한편 조세회피 행위에 대해서는 부당행위계산부인에 의한 제재를 받게 된다. 부당행위계산부인 규정은 소득세법과 법인세법에 규정되어 있으며, 시가보다 저가이거나 고가의 거래를 해서 세부담을 감소시킨 경우 시가와의 차이를 기준으로 세금을 증가시키는 조치를 말한다.

절세를 위한 조치가 세무조사로 이어진 사례

개인이 절세로 생각하는 아주 빈번한 조치 중 하나가 양도소득세 과세소득을 비과세소득으로 신고하거나, 증여를 가족을 통한 양도로 처리하는 것이다. 예를 들어 양도소득세 과세가 됨에도 비과세로 신고하기 위해 세대분리를 위장하거나 명의신탁 등의 방법을 썼다고 가정해보자. 이 경우 세무조사에 의해 자료를 조사해 비과세가 타당한지 검토하게 되고 명의신탁 사실이 있는지도 검토된다. 이에 따라 비과세 박탈 시 가산세 추징이 뒤따르며 명의신탁 등의 경우에는 관련 기관에 해당 사실이 통보된다. 한편 증여를 가족 간 양도로 처리한 경우 증여추정규정에 따라 유상거래임이 명백하지 않으면 증여세를 부과하게 된다. 이러한 방법 외에도 절세를 위해 양도소득을 사업소득으로 처리하는 경우가 있다. 양도소득임에도 불구하고 사업소득으로 처리하게 되면 양도 행위가 사업성이 있는지를 검토하게 된다.

한편 사업자에게 빈번하게 발생하는 세무 리스크도 생각해볼 수 있다. 명의를 차용해 사업자등록을 하는 경우가 많다. 즉 소득의 분산 등을 이유로 허위 등록을 하는 경우인데, 세법상으로는 실질과세의 원칙에 따라 원래의 실질 사업자에게 소득을 귀속시켜 과세하므로 이 점에 주의해야 한다. 세부담의 분산을 위해 공동 사업을 허위로 하는 경우, 거짓 사업자등록을 하는 경우에도 지분율이 큰 사업자로 소득을 합산하는 공동사업합산과세제도가 적용된다. 그리고 가장 빈번한 '가족 등에게 무상 임대나 저가 임대를 한 경우'에는 시가인 임대료를 기준으로 과세하게 된다. 개인경비를 법인경비로 처리한 경우도 빈번한데 이에 대해서는 귀속자에 대한 상여 등으로 처리해 세무조정이 될 것이다. 그리고 특수관계에 있는 해외법인 등에게 저가 판매한 경우 일종의 부당행위계산부인제도인 이전가격세제를 적용하게 된다.

정관이란
무엇인가?

정관이란 기업의 내부 법규를 말한다. 정관은 각 조문별로 진단을 거쳐 세무적인 이슈, 상법적인 이슈를 파악하고 리스크 요소를 제거하기 위한 규정 조정을 하게 된다. 구체적인 단계로는 정관의 조문별로 진단을 하고, 정관을 확정하고, 확정된 정관의 승인 절차(상법상 이사회 소집통지 후 이사회의사록 작성, 주주총회 소집통지 후 주주총회의사록 작성)를 거친다. 이후 사후 관리를 하는 절차로 진행된다.

쉽게 말해 정관은 회사의 자치법규를 말한다. 실질적 의미의 정관은 자치법규 그 자체이고, 회사의 조직과 운영에 관한 근본 규칙을 의미한다. 그리고 형식적 의미의 정관은 근본 규칙을 기재한 서면을 말한다. 보통은 정관은 실질적 의미의 정관, 즉 근본 규칙 그 자체를 말한다.

회사 설립 시
필요한 정관

정관은 자치법규이기 때문에 회사 내의 발기인, 주주 등 당사자 사이에서는 효력이 있으나 외부 제3자에 대해서는 효력이 없는 것이 원칙이다. 상법의 규정이 강행법규가 아닌 한 정관이 우선 적용된다.

우선 정관의 법적 근거에 대해서 살펴보자. 주식회사를 설립함에는 발기인 전원의 동의로 정관을 작성해야 하고(상법 제288조), 각 발기인의 기명날인 또는 서명이 필요하다. 이를 원시정관이라고 하며, 공증인의 인증으로 그 효력이 발생한다(상법 제292조). 단, 자본금 총액이 10억 원 미만인 회사를 발기설립하는 경우에는 각 발기인이 정관에 기명날인 또는 서명함으로써 효력이 생긴다(상법 제292조).

다음으로 정관의 기재사항에 대해서 알아보자. 정관의 기재사항은 절대적 기재사항, 상대적 기재사항, 임의적 기재사항으로 구분된다. 절대적 기재사항이란 정관에 기재가 없으면 정관이 무효되고 설립 무효의 원인이 되는 기재사항을 의미한다. 상대적 기재사항은 정관에 기재하지 않아도 정관은 유효하지만 특정한 사항이 효력이 생기려면 정관에 기재해야 하는 사항이다. 임의적 기재사항은 정관에 기재하면 효력이 있고 기재하지 않아도 효력에는 영향이 없는 기재 사항이며, 강행법규에 반하지 않는 한 기재해도 무방한 사항이다.

정관의 절대적 기재사항에 대해 구체적으로 살펴보면 주식회사를 설립함에는 발기인이 정관을 작성해야 하고(상법 제288조), 정관을 작성하는 경우 다음의 절대적 기재사항을 적고 각 발기인이 기명날인 또는 서명을 해야 한다(상법 제289조 제1항).

정관의 절대적 기재사항

1. 목적
2. 상호
3. 회사가 발행할 주식 총수
4. 액면주식을 발행하는 경우 1주의 금액
5. 회사의 설립 시에 발행하는 주식의 총수
6. 본점의 소재지
7. 회사가 공고를 하는 방법
8. 발기인의 성명, 주민등록번호 및 주소

정관 변경과 변경등기

정관 변경은 '회사의 조직과 행동에 관한 기본적인 규칙인 실질적 의의의 정관을 변경하는 것'을 말한다. 정관의 변경은 반사회적이거나 회사의 본질에 어긋나지 않고 주주의 고유권을 해치지 않는 범위 내에서 어떠한 변경도 할 수 있다. 정관의 변경은 반드시 주주총회의 특별결의가 있어야 하며(상법 제433조 제1항), 특별결의는 출석한 주주의 의결권의 2/3 이상의 수와 발행주식 총수의 1/3 이상의 수로 해야 한다(상법 제434조).

변경등기를 해야 하는 사항에 대해 알아보자. 주식회사는 회사가 설립되는 경우 절대적 등기사항에 대해 등기를 해야 한다(상법 제317조 제2항). 법인의 등기사항에 변경이 있는 경우에는 본점의 경우 2주 내에, 지점의 경우 3주 내에 변경등기를 해야 한다(상법 제317조 제4항, 상법 제183조). 변경등기를 해야 하는 사항은 다음과 같다.

변경등기를 해야 하는 사항

1. 목적
2. 상호
3. 회사가 발행할 주식의 총수
4. 액면주식을 발행하는 경우 1주의 금액
5. 본점의 소재지
6. 회사가 공고를 하는 방법
7. 자본금의 액
8. 발행주식의 총수, 그 종류와 각종 주식의 내용과 수
9. 주식의 양도에 관해 이사회의 승인을 얻도록 정한 때는 그 규정
10. 주식매수선택권을 부여하도록 정한 때는 그 규정
11. 지점의 소재지
12. 회사의 존립기간 또는 해산 사유를 정한 때는 그 기간 또는 사유

---

13. 주주에게 배당할 이익으로 주식을 소각할 것을 정한 때는 그 규정
14. 전환주식을 발행하는 경우에는 상법 제347조에 게시한 사항
15. 사내이사, 사외이사, 그 밖에 상무에 종사하지 아니하는 이사, 감사 및 집행임원의 성명과 주민등록번호
16. 회사를 대표할 이사 또는 집행임원의 성명, 주민등록번호 및 주소
17. 둘 이상의 대표이사 또는 대표집행임원이 공동으로 회사를 대표할 것을 정한 경우에는 그 규정
18. 명의개서대리인을 둔 때는 그 상호 및 본점 소재지
19. 감사위원회를 설치한 때는 감사위원회 위원의 성명 및 주민등록번호

정관 설계부터 절세가 시작된다

회사 설립 시 절세는 정관에서부터 시작한다. 정관이 제대로 설계되지 않으면 개정된 상법의 규정이 반영되지 않는 것은 물론이고, 효율적인 세무계획을 수행할 수 없게 된다. 따라서 회사의 소득 유형 변경과 관련한 세무계획을 수행하는 경우 반드시 정관을 올바르게 설계하는 것이 필요하다. 정관 설계는 다음의 절차로 진행한다.

1. 정관의 조문별 검토

회사의 현행 정관 또는 준비된 정관의 조문별로 상법의 규정과 회사의 현황을 고려해 각 조문별로 의사결정을 수행한다.

2. 정관의 확정(의사결정)

1단계에서 각 조문별로 진단된 정관의 조항을 의사결정 과정을 통해 확정한다.

3. 확정된 정관의 승인

실무 절차로 확정된 정관을 승인하는 상법상의 절차(이사회 소집통지, 이사회의사록 작성, 주주총회 소집통지, 주주총회의사록 작성)를 수행한다.

정관의 조문별
이해 및 검토

효율적인 조세계획을 위해 정관의 주요 조문별로 그 의미를 이해하고 각 조문별로 의사결정을 위한 진단절차를 수행한다. 의사결정이 필요한 주요 조문별 정관의 내용은 다음과 같다.

1. 상호

상호는 정관의 절대적 기재사항이며, 변경이 있는 경우 2주 내에 변경등기를 해야 한다. 누구든지 부정한 목적으로 타인의 영업으로 오인할 수 있는 상호를 사용하지 못하며(상법 제23조 제1항), 타인이 등기한 상호는 동일한 특별시, 광역시, 시, 군에서 동종영업의 상호로 등기하지 못한다(상법 제22조).

> **제○○조 [상 호]**
> 본 회사는 '주식회사 ○○○○'이라 한다.

검토할 사항에 대해 구체적으로 살펴보자. 우선 회사의 한글 상호와 영문 상호를 확인한다. 영문 상호가 없는 경우 영문 상호를 결정 또는 확인한다. 회사가 사용하고자 하는 상호가 이미 사용 중인 상호인지 여부는 대법원 인터넷등기소(www.iros.go.kr)에서 확인한다.

2. 목적

목적사항은 정관의 절대적 기재사항이며, 변경사항이 있는 경우 2주 내에 변경등기를 해야 한다.

> **제○○조 [목 적]**
> 본 회사는 다음의 사업을 영위함을 목적으로 한다.
> 1.
> 2.
> (…)

회사의 주요한 목적사업을 나열하되 '부동산임대'를 목적사업으로 미리 규정해두는 것이 좋다. 일반적인 기업 운영 시 사업자등록증에 '부동산임대'를 갑자기 추가해야 하는 일이 생기기 마련인데, 정관 및 등기부등본에 목적사업으로 기재되어 있는 경우에만 사업자등록

신청 시 업태·종목으로 기재할 수 있기 때문이다. 이처럼 일반적으로 현재 영위할 목적사업 외에 장래에 수행하고자 하는 사업까지 목적 사업의 범위로 열거하는 것이 좋다.

검토할 사항에 대해 구체적으로 살펴보자. 우선 현재 회사의 목적 사업의 범위 및 향후 영위하고자 하는 사업의 영역을 확대한다. 그리 고 회사가 영위하고자 하는 목적사업의 범위를 정한다. 이 경우 동종 업종을 영위하는 상장회사의 정관을 참조해 그 목적사업의 범위를 의사결정하는 것이 좋다. 상장회사의 정관은 금융감독원 전자공시시 스템(dart.fss.or.kr)에서 확인할 수 있다.

3. 본점의 소재지

본점의 소재지는 정관의 절대적 기재사항이며, 변경이 있는 경우 2주 내에 변경등기를 해야 한다. 회사의 주된 영업소를 본점이라고 한다. 회사의 주요한 법률적 효력은 본점을 중심으로 발생하므로 본 점 소재지의 기재가 필요한데, 본점 소재지는 최소의 독립된 행정구 역 단위로 규정하면 된다.

제○○조【본점의 소재지】
1. 본 회사는 본점을 ○○시에 둔다.
2. 본 회사는 필요에 따라 이사회의 결의로 국내외에 지점, 출장소, 사무소 및 현지 법인을 둘 수 있다. 본 회사는 다음의 사업을 영위함을 목적으로 한다.

검토할 사항에 대해 구체적으로 살펴보자. 우선 회사의 본점 소재지를 확인한다. 그리고 본점 소재지가 주소의 번지수까지 기재된 경우 '시' 단위 행정구역으로 의사결정한다.

4. 공고방법

여기서 공고방법은 정관의 절대적 기재사항이며, 변경이 있는 경우 2주 내에 변경등기를 해야 한다. 회사에서 공시하는 사항을 주주, 채권자 등 이해관계인이 알 수 있도록 회사의 공고는 관보 또는 시사에 관한 사항을 게재하는 일간신문에 한다. 단, 회사는 그 공고를 정관으로 정하는 바에 따라 전자적 방법으로 할 수도 있다(상법 제289조 제3항).

제○○조【공고방법】

본 회사의 공고는 회사의 인터넷 홈페이지(www.****.co.kr)에 한다. 단, 전산장애 또는 그 밖의 부득이한 사유로 회사의 인터넷 홈페이지에 공고를 할 수 없을 때는 ○○시에서 발행되는 ○○신문에 한다.

검토할 사항에 대해 구체적으로 살펴보자. 우선 회사의 현재 공고방법을 확인하고 인터넷 홈페이지 주소를 확인한다. 그리고 회사의 공고를 인터넷 홈페이지에 할지, 또는 일간신문에 할지 여부를 결정한다.

5. 회사가 발행하는 주식의 총수

회사가 발행하는 주식의 총수는 정관의 절대적 기재사항이며, 변경이 있는 경우 2주 내에 변경등기를 해야 한다. 회사가 발행하는 주식의 총수는 '수권주식수'라고도 한다. 회사가 발행하는 주식의 총수의 범위 내에서 이사회 결의로 신주를 발행할 수 있다.

> **제○○조 【회사가 발행하는 주식의 총수】**
> 본 회사가 발행할 주식의 총수는 ○○주로 한다.

회사가 설립 시에 발행하는 주식의 총수와 관련해 '회사의 설립 시에 발행하는 주식의 총수는 회사가 발행할 주식의 총수의 1/4 이상이어야 한다'는 상법 규정은 2011년 4월 14일 삭제되어 현재는 회사가 발행할 주식의 총수에 대한 제한이 없다(상법 제289조 제2항). 그래서 회사가 발행할 주식의 총수를 설립 시 발행하는 주식의 4배 수준이 아닌, 보다 넉넉하게 규정할 필요가 있다.

6. 일주의 금액

일주의 금액은 정관의 절대적 기재사항이다. 액면주식의 금액은 균일해야 하며(상법 제329조 제2항), 액면주식 1주의 금액은 100원 이상으로 해야 한다(상법 제329조 제3항). 회사는 정관으로 정한 경우에는 주식의 전부를 무액면주식으로 발행할 수 있다. 단, 무액면주식을 발행하는 경우에는 액면주식을 발행할 수 없다(상법 제329조 제1항).

> **제○○조 【일주의 금액】**
> 본 회사가 발행하는 주식 일주의 금액은 금 ○○원으로 한다.

7. 회사가 설립 시 발행하는 주식의 총수

설립 시 발행하는 주식의 총수는 정관의 절대적 기재사항이다. 업종별로 행정상의 최저자본금의 요건이 있는 경우를 제외하고는 상법상 최저자본금은 없다. 이때 회사의 자본금 규모를 확인하고 적절한 금액인지 여부를 검토한다. 신규 설립이라면 자본금의 규모가 의사결정과 관련이 있어 의사결정이 필요하나, 기 정관의 변경인 경우에는 의사결정이 필요하지 않다.

> **제○○조 【회사가 설립 시 발행하는 주식의 총수】**
> 본 회사가 발행하는 주식의 총수는 ○○주로 한다.

정관의 특수조항 설계

이번에는 기업 경영에 있어서 정관의 특수한 조항을 어떻게 검토하고 설계해야 할지 알아보자. 앞서 이야기한 대로 정관은 법인을 설립할 때 기업을 설립하는 목적, 조직, 업무 내용 등을 규정한 내부 법규다. 법인은 특정한 목적을 가지고 사업을 영위하는 단체이다 보니 사업체 운영을 위한 규칙을 정비해야 하는 점에서 개인사업자와 차이를 보인다. 따라서 법인 정관은 지속적인 검토를 통해 주주와 이해관계자의 이익을 위한 전략을 수립할 수 있어야 한다. 이번에는 그중에서도 주주와 임직원에게 발생할 수 있는 세무 리스크를 검토하고 통제하기 위해서 검토해야 할 부분에 대해 구체적으로 설명하고자 한다.

아홉 가지
특수조항

1. 신주인수권 조항

우선 신주인수권 조항에 대해서 살펴보자. 신주인수권 조항에서 주주는 그가 가진 주식 수에 따라서 신주의 배정을 받을 권리가 있는 것이 원칙이나(상법 제418조 제1항), 신기술의 도입, 재무구조의 개선 등 회사 경영상 목적을 달성하기 위해 필요한 경우 정관에 정하는 바에 따라 주주 외의 자에게 신주를 배정할 수 있다(상법 제418조 제2항).

제○○조【신주인수권】

1. 본 회사의 주주는 신주 발행에 있어서 그가 소유한 주식 수에 비례해 신주의 배정을 받을 권리를 가진다.
2. 제1항의 규정에 불구하고 다음 각 호의 어느 하나에 해당하는 경우 이사회의 결의로 주주 외의 자에게 신주를 배정할 수 있다.
   ① 발행주식 총수의 100분의 20을 초과하지 않는 범위 내에서 회사가 경영상 필요로 외국인투자 촉진법에 의한 외국인 투자를 위해 신주를 발행하는 경우
   ② 발행주식 총수의 100분의 30을 초과하지 않는 범위 내에서 긴급한 자금의 조달을 위해 국내외 금융기관 또는 기관투자자에게 신주를 발행하는 경우
   ③ 발행주식 총수의 100분의 50을 초과하지 않는 범위 내에서 사업상 중요한 기술 도입, 연구개발, 생산·판매·자본제휴 및 재무구조의 개선 등 회사의 경영상 목적을 달성하기 위해 신주를 발행하는 경우

신주인수권 조항을 통해 회사에 향후 기관투자자나 외부 기관의 투자가 예정되어 있는지 여부와 그 가능성을 확인한다. 그다음 주주 평등의 원칙을 배제하고 제3자에게 신주를 배정할 수 있는 사유와 범위를 의사결정한다.

2. 주식매수선택권 조항

다음으로 주식매수선택권 조항, 다른 말로 스톡옵션(Stock option) 조항에 대해서 살펴보자.

제○○조【주식매수선택권】

1. 당 회사는 주주총회의 특별결의로 발행주식 총수의 100분의 10의 범위 내에서 주식매수선택권을 부여할 수 있다. 단, 상법 제542조의3 제3항의 규정에 따라 발행주식 총수의 100분의 3의 범위 내에서 이사회의 결의에 의해 부여할 수 있다. 이 경우 주식매수선택권은 경영 성과 또는 주가 지수 등에 연동하는 성과연동형으로 부여할 수 있다.
2. 제1항 단서의 규정에 따라 이사회 결의로 주식매수선택권을 부여한 경우에는 그 부여 후 처음으로 소집되는 주주총회의 승인을 얻어야 한다.
3. 제1항의 규정에 의한 주식매수선택권 부여 대상자는 회사의 설립·경영과 기술 혁신 등에 기여하거나 기여할 수 있는 회사의 이사·감사 또는 피용자 및 상법 시행령 제9조 제1항이 정하는 관계 회사의 이사·감사 또는 피용자로 한다. 단, 회사의 이사에 대해서는 이사회의 결의로 주식매수선택권을 부여할 수 없다.

주식매수선택권이란 법인이 법인의 설립과 경영, 기술 혁신 등에 기여했거나 기여할 능력을 갖춘 당해 법인의 임직원에게 특별히 유

리한 가격으로 당해 법인의 신주를 매입할 수 있도록 부여한 권리를 말한다. 이와 같은 주식매수선택권은 정관이 정하는 바에 따라 할 수 있으므로(상법 제340조의2), 회사의 성장기를 고려해 직원의 장기 근속과 동기 부여 등을 위해 주식매수선택권의 부여에 관한 사항을 정관으로 정할 필요가 있다.

주식매수선택권은 법인의 등기부등본 변경사항이다. 변경사항이 있는 경우 2주 이내에 변경등기를 해야 한다. 이때 향후 상장계획이 있는지 여부를 확인하고, 임직원의 동기 부여 수단으로 주식매수선택권에 대한 경영자의 의지를 확인한다. 그리고 주식매수선택권 규정을 설계할지 여부, 설계한다면 부여 범위를 결정한다. 상법상 주식매수선택권은 발행주식 총수의 10%를 초과할 수 없으므로 주의해야 한다(상법 제340조의2 제3항).

3. 자기주식의 취득

자기주식의 취득 조항에 대해 살펴보자. 2011년 4월 14일 상법이 개정되어 자기주식의 취득이 전면적으로 허용되었다. 자기주식 취득은 주주평등의 원칙과 공정성을 도모하기 위해 각 주주가 가진 주식 수에 따라 균등한 조건으로 취득하되, 배당가능이익의 범위 내에서 취득할 수 있다(상법 제341조 제1항). 이때 지분구조의 복잡성 등 자기주식을 취득할 만한 특별한 사정이 있는지 여부를 진단한다. 자기주식 취득이 필요한 경우 규정을 설계할지 여부를 결정한다.

제○○조【자기주식의 취득】

1. 회사는 다음의 방법에 따라 자기의 명의와 계산으로 자기의 주식을 취득할 수 있다. 단, 그 취득가액의 총액은 직전 결산기의 대차대조표상의 순자산액에서 상법 제462조 제1항 각 호의 금액을 뺀 금액을 초과하지 못한다.
   ① 거래소에서 시세가 있는 주식의 경우에는 거래소에서 취득하는 방법
   ② 주식의 상환에 관한 종류주식의 경우 외에 각 주주가 가진 주식 수에 따라 균등한 조건으로 취득하는 것으로, 회사가 모든 주주에게 자기주식 취득의 통지 또는 공고를 해 주식을 취득하는 방법
   ③ 주식의 상황에 관한 종류주식의 경우 외에 각 주주가 가진 주식 수에 따라 균등한 조건으로 취득하는 것으로, 자본시장과 금융투자업에 관한 법률 제133조부터 제146조까지의 규정에 따른 공개 매수의 방법

4. 주식 양도의 제한

주식 양도의 제한 관련 조항에 대해 알아보면 다음과 같다.

제○○조【주식 양도의 제한】

1. 본 회사의 주식을 타인에게 양도하는 경우 그 양도에 관해 이사회의 승인을 받아야 한다.
2. 제1항에 따라 이사회의 승인을 얻지 아니한 주식의 양도는 회사에 대해 효력이 없다.
3. 주식의 양도에 관해 이사회의 승인을 얻어야 하는 경우에는 주식을 양도하고자 하는 주주는 회사에 대해 양도의 상대방 및 양도하고자 하는 주식의 종류와 수를 기재한 서면으로 양도의 승인을 청구할 수 있다. 이 경

주식 양도의 제한 규정은 등기사항이므로 변경이 있는 경우 2주 내에 변경등기를 해야 한다. 상법상 주식의 양도는 타인에게 자유로이 양도할 수 있는 것이 원칙이다. 단, 회사는 정관으로 정하는 바에 따라 그 발행하는 주식의 양도에 관해 이사회의 승인을 받도록 할 수 있다(상법 제335조 제1항). 회사의 지분구조나 경영권의 유지 등 주식 양도의 제한이 필요한 경우 정관으로 정하는 것이 필요할 수 있다.

5. 주주총회의 소집통지 및 소집통지의 생략

주주총회를 소집할 때는 주주총회일 2주 전에 각 주주에게 서면으로 통지를 발송하거나 각 주주의 동의를 받아 전자문서로 통지를 발송해야 하는 것이 원칙이지만, 자본금 총액이 10억 원 미만인 회사가 주주총회를 소집하는 경우에는 주주총회일 10일 전에 각 주주에게 서면으로 통지를 발송하거나 각 주주의 동의를 받아 전자문서로 통지를 발송할 수 있다(상법 제363조 제3항).

> 총회일의 2주 전에 주주에게 서면으로 통지를 발송하거나 각 주주의 동
> 의를 받아 전자문서로 통지를 발송해야 한다.
> 2. 제1항에도 불구하고 주주 전원의 동의가 있을 때는 소집통지 절차를 생
>   략할 수 있다.

참고로 자본금 총액이 10억 원 미만인 회사는 주주 전원의 동의
가 있을 경우에는 소집 절차 없이 주주총회를 개최할 수 있다(상법 제
363조 제4항). 검토할 사항으로는 현재의 주주총회의 소집통지 기일을
확인하고 정관으로 단축할 의사가 있는지 여부를 확인한다. 이때 주
주총회의 소집통지를 2주 전에 할지, 10일 전에 할지 여부를 결정해
야 한다.

6. 주주총회의 결의방법

주주총회의 결의는 출석한 주주의 의결권의 과반수와 발행주식
총수의 1/4 이상의 수로 해야 하지만 정관으로 규정해 달리 정할 수
있다(상법 제368조 제1항).

> **제○○조 【주주총회의 결의방법】**
> 주주총회의 결의는 법령에 다른 정함이 있는 경우를 제외하고는 출석한
> 주주의 의결권의 과반수로 하되 발행주식 총수의 1/4 이상의 수로 해야
> 한다.

검토할 사항으로는 현재의 주주총회 결의방법을 확인하고 정관으로 달리 정할지 여부를 진단한다. 이때 주주총회의 결의방법을 상법의 원칙대로 할지, 정관으로 달리 정할지 여부를 의사결정한다.

7. 주주총회의 서면에 의한 의결권 행사

회사는 정관이 정한 바에 따라 주주가 총회에 출석하지 아니하고 서면에 의해 의결권을 행사하게 할 수 있다(상법 제368조의3 제1항). 이 경우 회사는 총회의 소집통지서에 주주가 서면에 의한 의결권을 행사하는 데 필요한 서면과 참고자료를 첨부해야 한다(상법 제368조의3 제2항).

제○○조【주주총회의 서면에 의한 의결권 행사】

1. 본 회사의 주주는 필요한 경우 총회에 출석하지 아니하고 서면에 의해 의결권을 행사할 수 있다.
2. 회사는 제1항의 서면에 의한 의결권 행사가 필요한 경우 총회의 소집통지서에 주주가 서면으로 의결권을 행사하는 데 필요한 서면과 참고자료를 첨부해야 한다.

검토할 사항으로는 주주총회에서 서면결의를 할 것인지 여부를 진단한다. 이때 주주총회의 의결권 행사방법을 총회에 출석만으로 할지, 서면에 의한 결의를 가능하게 할지 여부를 결정한다.

8. 이사 및 감사의 수

회사의 이사는 3명 이상이 원칙이나 자본금 총액이 10억 원 미만인 경우에는 1인으로도 할 수 있으며(상법 제383조 제1항), 감사의 경우에도 자본금 총액이 10억 원 미만인 경우에는 두지 아니할 수 있다(상법 제409조 제4항). 자본금 총액이 10억 원 미만인 경우 이사를 1명 또는 2명으로 할 수 있으나, 이 경우 상법상 기관인 '이사회'가 구성되지 않으므로 상법상 주요한 의사결정은 모두 주주총회에서 해야 한다. 주주총회가 이사회와 달리 복잡하고 까다로운 절차인 점을 고려하면 이사를 3명 이상 두고 이사회를 구성하는 것이 합리적인 의사결정일 수도 있다.

제○○조 [이사 및 감사의 수]

1. 본 회사의 이사는 3명 이상 7명 이내로 한다. 단, 자본금 총액이 10억 원 미만인 경우에는 1명 또는 2명으로 할 수 있다.
2. 본 회사의 감사는 1명 이상 3명 이내로 한다. 단, 자본금 총액이 10억 원 미만인 경우에는 감사를 선임하지 아니할 수 있다.

검토할 사항으로는 현재 이사의 원수를 확인해 이사회 구성 여부를 파악하고, 이사회 구성 여부에 따른 장단점을 분석하고 진단한다. 이때 이사의 수가 3인 미만이라면 이사회를 열기 위해 이사의 수를 3인 이상으로 구성할지 여부를 결정한다.

9. 이사의 회사에 대한 책임감면

이사의 회사에 대한 책임(손해배상)은 주주 전원의 동의로 면제할 수 있으며(상법 제400조 제1항), 정관으로 정하는 바에 따라 회사에 대한 이사의 책임을 이사가 그 행위를 한 날 이전 최근 1년간의 보수액의 6배(사외이사는 3배)를 초과하는 금액에 대해 면제할 수 있다. 단, 이사가 고의 또는 중대한 과실로 손해를 발생시킨 경우와 상법에서 규정하는 감면 예외 사유에 해당하는 경우에는 정관 규정으로도 감면할 수 없다(상법 제400조 제2항).

제○○조 【이사의 회사에 대한 책임감면】
1. 회사에 대한 이사의 책임은 주주 전원의 동의로 면제한다.
2. 회사에 대한 이사의 책임을 이사가 그 행위를 한 날 이전 최근 1년간의 보수액(상여금과 주식매수선택권의 행사로 인한 이익 등을 포함한다)의 6배(사외이사는 3배)를 초과하는 금액에 대해 면제한다. 단, 이사가 고의 또는 중대한 과실로 손해를 발생시킨 경우에는 그러하지 아니한다.

여기서 검토할 사항이 있다. 과거 이사와의 소의 제기가 있었는지 여부를 확인하고 회사에 대한 책임을 감면할지 여부를 진단한다. 이때 이사에 대한 책임감면 규정을 설계할지 여부를 의사결정한다.

정관 규정을 세세하게 검토하고 나면 정관에 대한 승인을 진행해야 한다. 상법상 정관을 확정하면 이사회에 소집통지문을 발송해야 한다. 이후 이사회 실시 및 이사회의사록을 작성하고, 주주총회 소집통지문을 발송한다. 마지막으로 주주총회 실시 및 주주총회의사록을 작성한다. 이때 이사 및 감사에게 회의 일주일 전에는 이사회 소집통지문을 전달해야 한다. 이사회 소집통지의 경우 이사 및 감사 전원의 동의가 있을 때는 소집 절차를 생략할 수 있다. 이 경우 이사회 당일에 이사 및 감사동의서를 받아두는 것이 필요하다.

이사회의사록을 작성한 다음에는 주주총회 소집통지문을 주주총회일 2주 전에 각 주주에게 서면으로 발송해야 한다. 단, 자본금 총액이 10억 원 미만인 회사는 주주 전원의 동의가 있으면 소집 절차 없이 주주총회를 개최할 수 있다(상법 제363조 제4항). 이 경우에는 총주주동의서를 받아두는 것이 필요하다. 주주총회가 개최된 경우에는 주주총회의사록을 작성해야 한다.

주식회사의 원시정관은 공증인의 인증을 받음으로써 효력이 생기지만, 일단 유효하게 작성된 정관을 변경할 경우에는 주주총회의 특별결의가 필요하다. 서면인 정관이 고쳐지거나 변경 내용이 등기사항인 때의 등기 여부, 내지는 공증인의 인증 여부는 정관 변경의 효력 발생에는 아무 영향이 없다. 그래서 설립 이후의 정관은 공증을 받지 않아도 된다(대법원 2006다62362 판결). 정관 변경은 주주총회 특별결의를 거쳐야 하고, 법인은 등기를 통해 회사 정보를 외부에 공개하고 있다. 필수적 등기사항 및 변동 사항에 대해 등기를 하지 않으면 과태료가 부과될 수 있으므로 주의해야 한다. 정관이 변경된다고 해서 무조건 등기해야 하는 것은 아니며, 정관에 기재된 내용 중 등기부등본에 동일하게 기재된 부분이 변경되었을 경우에만 변경등기를 하면 된다.

회계와
재무제표의
첫걸음

재무제표는 보고서다. 좀 더 정확히 말하자면 기업을 객관적인 숫자로 나타내는 회계보고서라고 할 수 있다. 재무제표는 회계처리의 결과물이자, 의사결정의 측면에서 보면 '시작점'이라고 볼 수 있다. 재무제표는 기업의 경제적인 상황을 나타내며 필요에 따라서 회계기간 말(보통은 연말), 분기, 반기에 작성해서 보고한다.

재무제표란 무엇인가?

　재무제표는 보고서다. 좀 더 정확히 말하자면 기업을 객관적인 숫자로 나타내는 회계보고서라고 할 수 있다. 재무제표는 회계처리의 결과물이자, 의사결정의 측면에서 보면 '시작점'이라고 볼 수 있다. 재무제표는 기업의 경제적인 상황을 나타내며 필요에 따라서 회계기간 말(보통은 연말), 분기, 반기에 작성해서 보고한다.

　기업은 보통 1년에 한 번은 재무상태와 경영 성과를 이사회를 거쳐 주주총회에 보고하게 된다. 이때 제출하는 것이 재무제표다. 상장회사의 경우 전자공시제도를 통해 온 국민에게 재무제표를 공개하기도 한다. 이렇게 공개된 재무제표에 이익이 많이 났다면 주주에게는 배당을 주고, 종업원에게는 보너스를 지급함으로써 모두가 행복한 연말을 맞이하게 된다. 반면 적자가 발생했다면 배당은 고사하고 종업원을 해고하거나 각종 구조조정에 시달리게 될지 모른다. 적자가 심각한 수준이라면 폐업을 통해 기업을 청산해야 하는 지경에 이를 것이다.

재무제표는 진단서이자 성적표

재무제표는 '기업의 진단서'라고 부르기도 하고 '기업의 성적표'라고 말하기도 한다. 왜 기업의 진단서 혹은 성적표가 재무제표일까? 우리는 매년 정기검진을 받는다. 지금 건강상태가 어떠한지 궁금해서 가는 경우도 있고, 회사에서 시켜서 의무적으로 정기검진을 받는 경우도 있다. 어찌되었든 정기검진을 받고 나면 혈압은 정상인지, 당뇨는 없는지, 체지방 정도는 어떠한지, 콜레스테롤 수치는 어떠한지 등 나의 건강상태에 대한 수치가 요약되어 나온다. 기업도 마찬가지다. 기업이 지금 정상적인 상태인지, 부채가 과다하지는 않은지, 자산은 충분한지, 현금은 충분한지, 자본은 적정한지 등 현재 시점을 기준으로 기업의 재산 상태를 보여주는 재무제표가 있다. 이게 바로 '재무상태표'다.

한편 기업도 사람처럼 매년의 성적표가 나온다. 우리는 학창 시절에 주기적으로 시험을 치렀다. 중간고사와 기말고사를 보면 내가 평소에 공부를 잘했는지를 점수로 알 수 있다. 간혹 등수도 함께 성적표에 나오는데 공부를 잘해서 좋은 성적을 받으면 부모로부터 칭찬을 받고 용돈을 더 받기도 한다. 반대로 성적이 좋지 않거나 바닥인 경우에는 꾸지람과 벌을 받기도 한다. 기업도 마찬가지다. 올해 경영을 잘해서 성과가 좋으면 당기순이익이 많이 나오게 되어 있다. 이렇게 흑자가 난 경우에는 주주들에게 배당을 주고 경영자도 보너스를 받는다. 칭찬을 듣는 것이다. 반대로 경영 성과가 좋지 못해서 적자가 난 경우에는 그 적자를 고스란히 주주들의 투자자금을 불태우는 무상감자라는 것으로 때우게 된다. 당연히 그 기업의 경영자는 연봉 삭감이라는 벌을 받는다. 이렇게 한 해의 경영 성과를 나타내는 재무제표가 '손익계산서'다.

그 밖에도 기업의 혈액이라고 할 수 있는 현금이 잘 돌고 있는지, 어떤 경로로 현금의 유출입이 발생했는지를 볼 수 있는 '현금흐름표'와 기업의 주인인 주주들의 몫인 자본이 어떤 경로로 변동하는지를 보여주는 '자본변동표'도 재무제표의 일종이다. 한편 재무제표의 종류에는 '주석'이라는 것도 포함된다. 주석은 숫자와 계정과목으로만 표현되어 있는 다른 재무제표를 설명하고 꾸며주는 역할을 한다. 쉽게 말해 주석은 구체적으로 왜 그런 금액인지, 어떤 사건 때문에 계정과목이 발생했는지 등을 설명한다. 그래서 주석을 보지 않고서는 구체적인 거래를 알 수 없다.

재무제표의 특성

구분	특성
재무상태표	일정 시점의 기업의 자산, 부채, 자본의 상태를 보여준다. 회계등식인 '자산=부채+자본'의 논리로 작성된다.
손익계산서	일정 기간 동안의 기업의 경영 성과를 보여준다. '수익-비용=순이익'의 논리로 작성된다. 최종적으로 당기순이익(순손실)이 당기의 경영 성과다.
현금흐름표	일정 기간 동안의 기업의 현금흐름을 보여준다. 현금흐름은 수익과 비용과 달리 현금이 유입·유출된 것만 보여준다. 현금흐름을 영업활동, 투자활동, 재무활동으로 구분해서 기록한다.
자본변동표	일정 기간 동안의 자본에 관한 변동내역을 보여준다. 자본의 항목으로는 자본금, 자본잉여금, 이익잉여금, 기타포괄손익누계액, 기타자본구성요소 등이 있다.
주석	재무제표의 계정과목과 금액에 대해 쉽게 이해할 수 있도록 기호를 붙여 페이지 하단이나 별지에 설명을 추가한 것을 의미한다.

기업의 가치는
어떻게 평가할 수 있을까?

재무제표를 기업의 성적표라고 부르는 이유는 뭘까? 학생 때 시험을 치르면 성적을 매기고 성적표를 받게 된다. 만일 국어 점수는 좋고 수학 점수는 나쁘다면 다음에는 수학 공부에 좀 더 신경을 써야겠다는 진단과 반성을 내릴 것이다. 기업도 마찬가지다. 올해 매출액이 좋으면 그 원인을 밝혀 앞으로 이러한 실적을 유지하기 위한 경영활동을 추진하고, 비용이 과다하게 발생했다면 비용을 철저하게 통제하는 활동을 추진하게 된다. 이러한 경영활동의 가상 기본적인 자료가 재무제표다. 재무제표에는 기업의 재산 상태와 경영 성과가 나타나 있기 때문에 이를 토대로 앞으로의 의사결정을 할 수 있다.

실무적으로 기업의 가치는 두 가지로 평가해볼 수 있다. 하나는 기업의 현재 시점의 모든 자산(Asset)의 합계로 평가하는 방법이다. 그렇다면 우리가 잘 아는 삼성전자의 가치는 어떻게 평가할 수 있을까?

삼성전자 요약연결재무정보(단위: 백만 원)

구분	제49기	제48기	제47기
-	2017년 9월 말	2016년 12월 말	2015년 12월 말
[유동자산]	145,322,337	141,429,704	124,814,725
현금 및 현금성자산	30,788,226	32,111,442	22,636,744
단기 금융상품	41,280,668	52,432,411	44,228,800
단기 매도 가능 금융자산	3,964,250	3,638,460	4,627,530
매출채권	30,351,245	24,279,211	25,168,026
재고자산	27,032,501	18,353,503	18,811,794
기타	11,905,447	10,614,677	9,341,831
[비유동자산]	151,256,242	120,744,620	117,364,796
장기 매도 가능 금융자산	8,066,146	6,804,276	8,332,480
관계기업 및 공동기업 투자	5,914,258	5,837,884	5,276,348
유형자산	109,006,091	91,473,041	86,477,110
무형자산	15,376,169	5,344,020	5,396,311
기타	12,893,578	11,285,399	11,882,547
자산총계	296,578,579	262,174,324	242,179,521

삼성전자의 요약연결재무정보를 보면 유동자산에 현금 및 현금성 자산, 단기 금융상품 등 합계 약 1,453억 원, 비유동자산에 장기 매도 가능 금융자산, 관계기업 및 공동기업 투자 등 합계 약 1,513억 원으로 총자산은 2,966억 원 정도라는 사실을 알 수 있다. 즉 삼성전자의 전체 자산의 합계액이 2,966억 원이므로 이 기업의 가치도 그 정도 되겠다는 것을 어림잡아 생각해볼 수 있는 것이다.

그러나 재무제표상의 자산은 현재 시장에서 거래되는 시장가치(회계상으로는 공정가치라고 부름)와 과거의 지출액으로 기록한 역사적 원가가 혼재되어 기록되어 있기에 정확한 기업의 가치를 나타낸다고 보기는 어려울 수 있다. 따라서 기업의 가치를 보다 적절하게 평가하기 위해서는 해당 기업이 미래에 창출하는 영업현금흐름을 기업의 위험을 반영한 할인율로 현재 가치를 평가하면 된다. 이때 영업현금흐름은 기업의 경영 성과인 매출액에서 각종 영업경비를 차감한 후의 영업이익에 각종 조정을 거쳐 추정한다. '기업 가치평가'라는 분야인데, 이것만 전문적으로 하는 회계사나 감정평가사가 있으니 보다 전문적인 내용이 알고 싶다면 관련 자료를 검색해보기 바란다.

이렇듯 내가 일하는 기업, 혹은 내가 투자하고 있는 기업의 가치가 얼마인지 알고 싶다면 반드시 거쳐야 하는 것이 재무제표 분석이다. 재무제표를 모르고서 투자를 한다는 것은 말도 안 되는 것이다. 내가 일하는 회사가 얼마짜리인지, 나한테 급여를 잘 줄 수 있는 좋은 회사인지 알고 싶다면 가장 먼저 봐야 하는 것이 그 회사의 재무제표다.

재무제표로
기업 분석하기

우리 주변에는 아주 작은 규모의 가게는 물론이고, 대규모 스타트업의 대명사이자 '유니콘'으로 불리는 야놀자, 티몬, 배달의민족, 직방 등 다양한 스펙트럼의 기업이 존재한다. 이번에는 그중 암호화폐 열풍으로 급성장한 '두나무'의 사례를 통해 재무제표로 기업을 분석하는 방법에 대해 알아보겠다.

한국 암호화폐 거래소는 2013년부터 본격적으로 활동을 시작했다. 과거에는 소수의 매니아층 사이에서 거래되던 암호화폐가 대중화되면서 이제 암호화폐 거래소는 대중에게 매우 친근한 플랫폼이 되었다. 이 중 두나무라는 회사는 암호화폐 광풍을 타고 급성장한 스타트업 유니콘의 대명사라고 할 수 있다. 두나무는 국내 최대 가상화폐 거래소인 업비트를 운영하고 있으며, 이 밖에도 다양한 금융 관련 서비스를 운영하고 있다.

2012년에 창업한 두나무의 첫 번째 서비스는 증권 애플리케이션 증권플러스였다. 이후 2017년 10월에 다소 늦게 암호화폐 거래소 업비트를 출시했으나 업계 1위 빗썸을 제치고 현재는 국내 점유율 70%를 넘기며 독보적 1위로 자리매김한 상태다. 2017년 10월 출범한 업비트는 국내 대표 디지털자산 거래소로 자리매김했다. 2021년 10월 기준 누적 회원수는 890만 명으로, 300만 명이던 2020년 10월 대비 약 3배가량 증가했다. 가히 폭발적인 증가세다.

갑자기 두나무의 이야기를 꺼낸 이유는 우리 주변에 업비트의 광고나 서비스가 많이 보이는 이유가 재무제표에 구체적으로 나와 있기 때문이다.

재무상태표로 바라본
업비트 암호화폐 거래소

우선 기본적인 재무제표의 종류는 재무상태표, 포괄손익계산서, 현금흐름표이고, 추가로 자본변동표와 주석도 재무제표의 일종이다. 가장 흔히 보게 되는 재무상태표는 기업의 재산 상태를 보여주는 재무제표로, 기업의 미래경제적효익(직간접적으로 기업의 미래 현금 및 현금성자산에 기여하게 될 잠재력)의 유입을 기대할 수 있는 권리를 나타내는 '자산'과 기업의 미래경제적효익의 유출을 기대할 수 있는 의무인 '부채', 그리고 자산에서 부채를 차감한 나머지를 나타내는 '자본'을 나타낸다. 즉 재무상태표를 공식화하면 다음과 같다.

자산＝부채＋자본

두나무의 재무상태표 추이를 요약하면 이 기업의 규모가 어떤 추세를 보이는지 알 수 있다. 재무상태표상으로 자산은 기업의 총재산의 합을 말하며, 부채는 기업의 빚을 뜻한다. 그리고 자본은 자산에서 부채를 차감하고 투자자가 가져갈 수 있는 몫이다.

두나무의 재무상태표

구분	2018년	2019년	2020년
자산총계	6,319억 원	5,323억 원	1조 3,681억 원
부채총계	3,676억 원	3,533억 원	1조 1,544억 원
자본총계	2,643억 원	1,789억 원	2,136억 원

두나무의 자산은 매년 증가하는 추세이며, 2020년에는 2019년에 비해 2배 이상 증가한 것을 볼 수 있다. 부채도 마찬가지로 증가했는데 암호화폐 거래소의 특성상 고객의 예치금을 다시 돌려줘야 하는 부채로 잡기 때문이다. 투자자의 몫인 자본은 매년 일정한 양상을 보

이고 있다. 자산이 기업의 규모를 나타내는 지표라고 본다면 이 회사는 성장하고 있는 회사임을 알 수 있다.

포괄손익계산서로 바라본 업비트 암호화폐 거래소

업비트를 운영하는 두나무의 수익성은 어떨까? 잘나가는 회사라면 수익성이 좋을 것이고, 그렇지 않은 회사라면 수익성이 엉망일 것이다. 기업의 경영 성과를 보고 싶다면 포괄손익계산서를 확인하면 된다. 원래는 '손익계산서'라는 명칭으로 수십 년간 작성되어 오다가 국제회계기준(IFRS)이 도입되면서 미실현손익인 기타포괄손익과 당기순이익에 이를 합한 총포괄손익을 표시하게 되어 '포괄손익계산서'로 명칭이 변경되었다. 어쨌든 포괄손익계산서도 기업의 손익을 나타내기 때문에 기업의 수익성을 파악하기 좋은 자료다.

국제회계기준에 의한 포괄손익계산서는 기본적으로 기존의 손익계산서와 같은 논리로 작성된다. 기업이 벌어들인 경제적 효익인 '수익'에서 기업에서 지출된 경제적 효익인 '비용'을 차감해 당기순이익을 나타내는 재무제표다. 여기에 기업의 미실현손익인 기타포괄손익을 가감해 총포괄손익을 나타낸다. 손익계산서 등식을 나타내면 다음과 같다.

수익 - 비용 = 순이익

수익이 비용보다 크다면 순이익은 양(+)의 값을 가지므로 주주가 배당을 가져갈 수 있는 회사인 것이고, 수익이 비용보다 작다면 순이익이 음(-)의 값을 가지므로 주주가 자신의 투자금을 날릴 수도 있는 위험한 회사인 것이다. 순이익이 음(-)인 경우에는 순손실이라고 표시한다.

두나무의 매년 손익계산서 항목을 요약하면 다음과 같다.

두나무의 포괄손익계산서

구분	2018년	2019년	2020년
영업수익	4,795억 원	1,402억 원	1,767억 원
(-) 영업비용	(1,943억 원)	(979억 원)	(901억 원)
영업이익	2,852억 원	423억 원	866억 원
(+/-) 영업외손익	(29억 원)	(17억 원)	(555억 원)
당기순이익	1,394억 원	116억 원	477억 원

두나무의 매년 영업수익은 2018년 이후 하락해 일정하게 유지되고 있음을 알 수 있다. 영업수익은 매출액이라는 용어로도 사용되는데, 영업수익이란 기업의 본질적인 영업활동을 통해 벌어들인 수익을 말한다. 즉 두나무의 각종 플랫폼 사업에서의 서비스 운용수익을 말한다. 일반적인 제조업 회사는 매출과 직접 관련된 매출원가를

차감하고 판매 관련된 비용과 임차료, 급여 등의 관리비를 차감하면 영업이익이 나오는 반면, 두나무와 같은 플랫폼 기업은 영업수익에서 영업비용을 차감해 영업이익을 계산하기도 한다. 두나무의 경우 2017년에 이어 2018년에는 암호화폐 광풍으로 영업이익이 크게 증가했다가 이후 안정적인 흐름을 보여주는 듯하다. 사실 기업의 입장에서는 영업이익이 지속적으로 기대할 수 있는 이익이고 기업의 투자를 통해 창출된 이익이다.

여기서 영업외손익은 기업의 영업활동과 관련 없는 활동에서 발생하는 손익으로, 예를 들어 부동산을 판매하고 얻은 차익이나 자금을 차입하고 발생한 이자비용 등이 영업외손익의 일종이다. 두나무의 영업외손익은 대부분 이자비용이라고 볼 수 있다. 영업이익에서 영업외손익을 가감한 당기순이익은 투자자들에게 배당으로 지급할 수 있는 이익이며, 이 또한 2018년 이후 크게 감소했으나 지속적으로 이익이 발생해 꾸준히 유지되는 흐름을 보이고 있다.

우리 주변에 암호화폐 거래소가 늘어나고 그 시장점유율이 늘어나는 것을 몸으로 체감하는 만큼 재무제표를 통해 구체적인 숫자로 이를 확인할 수 있다. 암호화폐 투자가 대중화되면서 두나무의 총자산도 크게 증가하고 있기 때문이다. 재무제표는 우리 생활을 숫자로 기록해 정보로 제공하는 것이므로 가장 객관적이고 정확한 자료라고 볼 수 있다. 이를 참고해 투자자는 투자 시 정확한 의사결정을 내려야 한다.

현금흐름표로 바라본
업비트 암호화폐 거래소

'흑자도산'이라는 말을 들어본 적 있는가? 손익계산서는 발생주의로 작성하기 때문에 현금 유입이 없는 권리의 증가도 수익으로 기록하고, 현금 유출이 없는 의무의 증가도 비용으로 기록하는 문제가 있다. 그렇기에 손익계산서상으로 당기순이익이 크게 발생한 기업이라고 할지라도 현금 회수가 되지 않으면 기업이 결제해야 할 자금을 결제하지 못해 경영권을 빼앗기거나 파산을 하는 경우도 있다. 이것이 흑자도산이다.

현금흐름이 좋은지 나쁜지를 보면 기업의 유동성과 자금력을 알 수 있다. 이를 확인할 수 있는 재무제표가 현금흐름표다. 현금흐름표는 정보이용자에게 보다 유용한 정보를 제공하기 위해서 현금흐름을 활동별로 구분한다. 그러한 활동은 영업활동, 투자활동, 재무활동 세 가지로 구분되는데 각각의 정보로 기업이 어떤 활동에 어떤 현금 유출입이 있었는지를 파악할 수 있다.

영업활동으로 인한 현금흐름을 통해서는 기업의 매출로 인해 발생한 현금 유입액, 매입으로 인해 발생한 현금 유출액, 종업원에 대한 현금 유출액, 기타 판매관리 활동으로 인한 현금 유출입을 파악할 수 있다. 그리고 그것이 모여서 영업활동현금흐름이 표시된다. 투자활동으로 인한 현금흐름을 통해서는 유형자산 혹은 무형자산 등 고정자산을 취득함으로써 발생하는 현금 유출액과 처분으로 인한 현금 유입액을 파악할 수 있다. 재무활동으로 인한 현금흐름을 통해서는 기업의 자본조달활동을 파악할 수 있다. 부채를 통해서 차입해 유입된 현금액과 상환으로 인한 현금 유출액, 유상증자로 인한 현금 유입액과 배당으로 인한 현금 유출액, 유상감자로 인한 현금 유출액 등을 파악할 수 있다.

업비트를 운영하는 두나무의 경우 3년간의 현금흐름표를 요약하면 다음과 같다.

두나무의 현금흐름표

구분	2018년	2019년	2020년
영업활동현금흐름	6,040억 원	843억 원	8,431억 원
투자활동현금흐름	845억 원	535억 원	781억 원
재무활동현금흐름	28억 원	203억 원	80억 원
현금의 증감액	6,913억 원	1,581억 원	7,570억 원

특이한 점은 두나무의 경우 현금흐름이 매년 마이너스였다가 2020년 들어 급격하게 플러스로 상회했다는 점이다. 영업이익은 오히려 2018년 이후 감소해 꾸준히 유지하고 있지만 영업활동현금흐름이 2020년에 급격하게 증가한 것 때문으로 보인다. 투자활동현금흐름은 부동산이나 설비에 대한 투자가 꾸준히 있어서 매년 비슷한 수준으로 지출액이 유지되고 있다. 게다가 재무활동현금흐름은 돈을 빌리거나 자본조달을 하면 플러스일 텐데 매년 일정하게 마이너스를

유지하고 있다. 이는 이자비용을 현금으로 지출하기 때문인 것으로 보인다. 손익계산서의 영업외손실의 규모 및 흐름과도 유사한 것으로 보인다.

영업활동현금흐름이 2020년에 급격하게 증가한 이유는 고객으로 부터 현금 예치금을 많이 받아서인 것으로 해석된다. 재무상태표에서 부채도 현금성자산만큼 급격히 증가했는데, 이는 예치금이 고객에게 언젠가는 돌려줘야 하는 돈이기 때문이다.

이렇듯 재무상태표, 손익계산서와 함께 현금흐름표도 확인을 해야 이 기업의 활동에 대해서 정확하게 파악이 가능하다. 그래야 보다 더 정확한 의사결정을 할 수 있을 것이다.

재무제표 분석의
삼박자

특정 기업을 재무제표로 분석할 때 결국 세 가지를 파악하기에 이른다. 바로 안전성, 수익성, 성장성이다.

재무제표의
세 가지 핵심

안전성은 기업을 분석할 때 가상 우선적으로 고려해아 하는 특성이다. 기업이 망할 가능성이 얼마나 되는지를 보는 것이 안전성인데, 이를 가정 먼저 보는 것이야말로 회계의 가장 큰 원칙인 보수주의 원칙(이익은 작게, 손실은 크게 보고하는 회계 원칙)에 부합한 분석이라고 본다. 아무리 수익성이 좋은 회사라도 영업활동을 지속하지 못하면 아무런 소용이 없다.

기업이 파산하는 경우 투자자는 원금 회수를 못할 가능성이 크고, 채권자도 채권 회수에 어려움을 겪을 것이 분명하다. 종업원은 해고될 것이며 경영자도 교체될 것이다. 즉 일단은 망하지 않는 회사여야 한다. 그것을 확인하는 게 안정성을 검토하는 것이다. 안정성은 유동자산이 유동부채에 비해서 충분한지, 자본이 부채에 비해서 충분한지 등을 통해서 파악할 수 있다. 이처럼 안정성을 분석하기 위해서는 재무상태표를 이용하게 된다.

어느 정도 안정성이 보장된 회사라면 수익성과 성장성을 검토할 실익이 있다. 수익성은 앞에서 본 손익계산서에서 순이익이 잘 나오고 있는지를 통해 파악할 수 있다. 즉 순이익이 충분한 회사인지 보는 과정이 수익성 분석이다. 이처럼 수익성은 손익계산서를 통해서 파악이 가능하다.

성장성은 기업이 미래에 성장할 가능성이 있는지를 보는 것이다. 앞으로 주가가 오를지, 급여가 오를지를 예측하기 위해서는 성장성을 봐야 한다. 성장성은 매년 매출액이 증가하는 추세인지, 자산이나 자본의 규모가 지속적으로 증가하는지 그 추세를 보고 파악할 수 있다.

앞서 살펴본 두나무의 재무상태표를 떠올려보자. 재무상태표를 통해 자산과 자본이 어떤 추세에 있는지 쉽게 파악할 수 있다. 두나무는 자산과 부채가 모두 2배 이상 증가했는데, 이것만 보더라도 2020년 이후에는 사업을 확장한 것을 알 수 있다. 그리고 자본총계가 일정하게 유지되고 있다는 것은 회사가 비교적 안정적이라는 점을 드러낸다.

여기에 구체적인 자산과 부채의 구성요소, 그리고 그 비율을 알면 회사의 위험요소와 안정성, 효율성 등을 점검할 수 있다. 두나무의 재무상태표 구성요소와 비율을 좀 더 자세히 살펴보자.

두나무의 재무상태표 구성요소와 비율

구분	2018년	2019년	2020년
자산총계	6,319억 원	5,323억 원	1조 3,681억 원
유동자산	5,538억 원	4,133억 원	1조 2,259억 원
현금 및 현금성자산	4,809억 원	3,227억 원	1조 797억 원
암호화폐	344억 원	110억 원	463억 원
유형자산	75억 원	74억 원	75억 원
총자산회전율	1.22회	0.24회	0.19회
부채총계	3,676억 원	3,533억 원	1조 1,544억 원
유동부채	3,576억 원	2,519억 원	9,973억 원
유동비율	155%	164%	122.9%
자본총계	2,643억 원	1,789억 원	2,136억 원
자기자본비율	42%	34%	15.6%
이익잉여금	2,257억 원	1,390억 원	1,761억 원
부채비율	139%	197%	540%

재무상태표에서 음영 부분의 상세내역을 보면 이 회사를 보다 정확하게 진단해볼 수 있다.

유동자산은 자산 중에서도 1년 이내에 현금화가 가능한 자산을 의미한다. 두나무는 유동자산이 2020년에 들어 급격하게 증가했는데, 현금 및 현금성자산이 3배가량 증가한 것을 확인할 수 있다. 이는 두나무가 법인계좌로 고객이 예치한 예치금을 받아 재무상태표에 현금 및 현금성자산으로 계상한 것으로 볼 수 있다. 그리고 암호화폐를 자산으로 인식하고 있는데, 이는 고객이 보관을 의뢰하거나 예치한 가상자산으로 보인다. 두나무가 이와 관련된 서비스를 제공한다는 사실을 유추해볼 수 있다. 한편 유형자산은 보통 토지나 건물 등 부동산일 수도 있지만 이 회사의 경우 서버나 기계설비 등의 비중이 큰 것으로 보인다.

여기서 총자산회전율이라는 것이 보이는데, 총자산회전율이란 총자산을 얼마나 많이 사용하는지를 나타내는 지표다. 일반적으로 1회 미만이라면 자산을 비효율적으로 사용함을 의미한다. 단, 두나무는 일반적인 회사와 달리 고객의 예치금을 자산으로 인식해 암호화폐 거래소를 통해 암호화폐 거래를 지원한다. 그렇기에 예치금의 비중이 크고 예치금을 영업에 사용하기보다는 고객에게 안정적으로 돌려줄 수 있는 보관이 중요하므로 총자산회전율은 크게 중요한 지표가 아니다. 이러한 영업의 특성을 알고 재무제표를 해석하는 것이 경영자에게 중요한 능력이다.

한편 유동부채가 2020년에 급격하게 증가한 이유는 앞서 설명한

대로 예치금은 고객에게 언제든지 돌려줄 수 있어야 하는 돈이기 때문이다. 유동부채란 1년 이내에 갚아야 하는 부채로 유동부채의 증가는 고객의 예치금이 증가한 결과다.

경영자라면 특히 눈여겨봐야 하는 것이 유동비율이다. 유동비율은 유동자산이 유동부채 대비 몇 퍼센트인지를 나타내는 재무비율이다. 즉 유동비율이 100%를 넘는다는 것은 1년 이내에 현금화할 수 있는 자산이 1년 이내에 갚아야 하는 부채보다 많다는 것을 의미한다. 회사가 부도날 가능성이 그만큼 적다는 뜻이다. 유동비율이 100% 아래라면 회사는 유동성 위험이 크다는 것을 인식하고 현금이 부족한 원인을 분석해볼 필요가 있다.

다음으로 자본과 관련된 비율 중에서 자기자본비율도 중요한 의미를 가진다. 자기자본은 회사를 당장 처분했을 때 주주의 몫이 얼마인지 금액으로 나타낸 것이며, 자기자본비율은 자산총계 대비 자기자본이 얼마의 비중을 차지하는지 나타내는 비율이다. 자기자본비율이 클수록 주주가 회사에서 차지하는 몫이 크다는 것을 의미하며, 회사가 보다 덜 위험하다는 것으로 해석되기도 한다.

자기자본의 구성요소 중에서 회사의 수익성과 연결되는 것이 바로 이익잉여금이다. 이익잉여금은 회사의 순이익의 누적액이라고 할 수 있다. 주주들은 이익잉여금을 주주총회나 이사회를 통해 배당으로 가져갈 수 있고, 이익잉여금이 클수록 회사는 우량하다는 평가를 받는다.

마지막으로 부채비율은 주주의 몫인 자기자본 대비 회사의 부채가 얼마나 되는지 나타내는 비율이다. 부채비율이 크다는 것은 회사가 빚을 져서 영업을 많이 한다는 의미다. 재무적인 위험도 그만큼 크다는 것을 의미한다. 단, 재무적인 관점에서 볼 때 부채비율이 높다는 것은 이익이 발생하면 크게 성장할 가능성이 높다고도 해석할 수 있다. 물론 반대로 망하면 크게 망할 수도 있다. 두나무의 경우 2020년 들어 부채비율이 급격히 증가했는데, 고객의 예치금이 증가한 결과로 보인다. 예치금을 잘 관리해야 위험관리가 된다는 것을 의미하기도 한다.

재무제표를 이해하려면 차변과 대변부터

재무제표를 이해하기 위해서는 차변(Debit)과 대변(Credit)에 대해 이해할 필요가 있다. 차변은 장부의 왼쪽을, 대변은 장부의 오른쪽을 말한다. 오랜 역사에 걸쳐 굳어진 관행으로, 차변과 대변은 복식부기 원리의 구현인 '분개'의 핵심이라고 볼 수 있다. 분개란 복식부기 원리에 따라 기록하는 작업으로 기업이 누군가와 거래하는 것을 계정과목과 금액으로 장부에 기록하는 것을 말한다. 이때 거래가 발생하자마자 최초로 기록하는 장부를 '분개장'이라 하고, 기록하는 행위가 '분개'가 된다. 분개는 일반적으로 가계부를 쓰는 것과는 차이가 있다. 우리가 일상에서 작성하는 가계부는 얼마를 지출했는지, 얼마를 수입했는지를 단순히 한 줄씩 기록하는 데 그치지만 분개는 차변과 대변으로 나눠서 체계적으로 기록하게 된다. 우선 차변과 대변에 대해 자세히 알아보자.

차변과 대변, 그것이 알고 싶다

차변과 대변은 큰 의미가 없다고 알려져 있다. 회계전문가도 차변은 왼쪽이고, 대변은 오른쪽이다 정도로만 설명하고 있으니 말이다. 일종의 약속이자 규칙이라고 보는 것이 좋다. 차변과 대변의 유래는 로마시대로 거슬러 올라간다. 주인이 노예한테 금전을 빌려주고 오른쪽에 기록했는데 대여해준 것을 기록하는 곳이라는 뜻에서 '대변'이라고 부르게 되었다. 이때 차입하는 사람은 왼쪽에 기록했는데 차입금을 기록한 곳이라는 뜻에서 '차변'이라고 부르게 되었다. 로마시대의 주종관계 관행에서 시작된 용어이니 크게 논리가 있다고 보기는 어렵다.

이렇게 왼쪽은 차변이고, 오른쪽은 대변이다. 그리고 차변과 대변에 적어야 할 항목은 정해져 있다. 이것만 잘 암기해두면 두고두고 분개할 때 써먹을 수 있을 것이다. 차변과 대변에 기록해야 할 항목을 나열하면 다음과 같다.

차변	대변
자산 증가	자산 감소
부채 감소	부채 증가
자본 감소	자본 증가
비용 발생	수익 발생

자산이나 비용이 증가한 돈이 발생하면 차변에 적고 부채, 자본, 수익이 증가하는 돈의 항목은 대변에 적는다. 그리고 각각 감소하는 경우에는 반대편에 적으면 된다고 암기하자.

대표적인 분개 실습을 몇 개 해보면 복식부기 장부기록인 분개가 어렵지 않게 다가올 것이다. 보통 자영업을 하게 되면 직접 회계기록을 해야 하는데, 대표적인 몇 가지 분개만 해보면 나머지는 응용이 될 것이다.

분개 실습 사례

자산	〈사례〉 2016년 1월 2일에 현금 100만 원을 주고 기계장치를 취득했다. (차변) 기계장치 100만 원 (대변) 현금 100만 원 〈해설〉 기계장치라는 자산이 증가했다. 자산의 증가는 차변이므로 차변에 기계장치 100만 원을 기록한다. 한편 현금이라는 자산이 감소했다. 자산의 감소는 대변이므로 대변에 현금 100만 원을 기록한다.

부채	**〈사례〉** 2016년 2월 3일에 현금 50만 원을 은행으로부터 차입했다. (차변) 현금 50만 원　　　　　　　(대변) 차입금 50만 원 **〈해설〉** 현금이라는 자산이 증가했다. 자산의 증가는 차변이므로 차변에 현금 50만 원을 기록한다. 한편 은행을 통해서 부채가 증가했다. 부채의 증가는 대변이므로 대변에 차입금 50만 원을 기록한다.
자본	**〈사례〉** 2016년 3월 5일에 현금 200만 원을 출자해 영업을 개시했다. (차변) 현금 200만 원　　　　　　(대변) 자본금 200만 원 **〈해설〉** 현금이라는 자산이 증가했다. 자산의 증가는 차변이므로 차변에 현금 200만 원을 기록한다. 한편 자본금이라는 자본이 증가했다. 자본의 증가는 대변이므로 대변에 자본금 200만 원을 기록한다.
수익	**〈사례〉** 2016년 4월 2일에 현금 100만 원을 받고 해충박멸 서비스를 제공했다. (차변) 현금 100만 원　　　　　　(대변) 매출액 100만 원 **〈해설〉** 현금이라는 자산이 증가했다. 자산의 증가는 차변이므로 차변에 현금 100만 원을 기록한다. 한편 주된 영업활동인 해충박멸 서비스를 제공하고 수익이 발생했다. 수익의 발생은 대변이므로 대변에 매출액 100만 원을 기록한다.
비용	**〈사례〉** 2016년 5월 2일에 종업원에게 현금 100만 원을 급여로 지급했다. (차변) 급여 100만 원　　　　　　(대변) 현금 100만 원 **〈해설〉** 급여라는 비용이 발생했다. 비용의 발생은 차변이므로 차변에 급여 100만 원을 기록한다. 한편 현금이라는 자산이 감소했다. 자산의 감소는 대변이므로 대변에 현금 100만 원을 기록한다.

계정과목
바로 알기

앞서 차변과 대변에 대해 배웠다. 왼쪽과 오른쪽에 기입해야 할 항목도 자세하게 살펴봤다. 그러한 항목을 구체적으로 어떻게 기입해야 하는지를 알려주는 것이 계정과목이다. 일종의 거래의 회계적 명칭이라고 보면 이해가 빠를 것이다. 계정과목은 수많은 거래를 회계에서 정한 통일된 기준에 따라 기록할 수 있는 기본적인 구성단위다. 계정과목을 보면 기업이 어떤 거래를 했고, 지금 어떤 상태인지를 파악할 수 있다.

계정과목은 각 기업이 거래 형태에 따라 다양하게 만들어서 사용하는 것이 거래의 성격을 가장 잘 나타낼 수 있는 방법이나. 그러나 이렇게 관리하면 거래별로 각기 다른 명칭의 계정과목을 사용하게 되므로 장부에 계정과목만 수만 가지에 달하게 된다. 대기업이 이렇게 계정과목을 임의로 설정한다면 재무제표만 수백 페이지를 작성해야 할지 모른다. 따라서 거래의 편의 및 정보이용자에게 정보를 효과적으로 전달하기 위해 비슷한 항목은 묶어서 통일된 계정과목을 사용한다.

통일된 계정과목을 사용하는 이유

기업에서 직원들에게 가끔 돈을 빌려주기도 하는데 A직원에게 1천 원, B직원에게 2천 원, C직원에게 500원을 빌려줬다고 가정해보자. 이 경우 'A직원대여금' 'B직원대여금' 'C직원대여금'이라는 계정과목을 별도로 설정해서 공시하면 재무제표가 너무 길어지고 복잡해진다. 돈을 빌린 직원이 10명이면 10개의 계정과목을 별도로 설정해야 하기 때문이다. 따라서 그냥 '직원대여금'이라는 명칭으로 통합해서 관리하는 것이 훨씬 효율적이다.

계정과목은 법에서 반드시 써야 하는 코드를 정해놓거나 명칭을 확정해서 사용하도록 강제하지 않는다. 그렇기에 회계를 하는 개개인이 알아서 이해하기 쉽게 설정해 사용하면 된다. 그러나 계정과목을 한 번 설정했다면 일관되게 지속적으로 사용하는 것이 좋다. 중간에 계정과목을 바꾸면 기간별로 회계처리의 일관성을 상실하게 되고, 정보이용자는 그 정보를 신뢰하지 않을 것이다.

대표적인
계정과목

계정과목 설정이 거래마다, 그리고 기업마다 다를 수 있기 때문에 여러 기업의 재무제표를 비교하다 보면 헷갈릴 수 있다. 이를 조금이라도 통일시켜서 기업 간의 비교 가능성을 높이기 위해 기업회계기준에서는 통일된 계정과목을 제시한다.

보통 회계적으로 계정과목을 설정하기 전에 자산, 부채, 자본, 수익, 비용 중에서 자주 사용하는 계정과목을 알아두고, 그것에 해당되면 계정과목을 사용하고 아니면 새로 만들어서 사용하는 것이 바람직하다.

일반적으로 회사가 보유하는 현금이나 예금, 취득할 때부터 3개월 이내에 결제가 예정된 자산은 '현금 및 현금성자산'으로 분류하고, 만기가 1년 이내에 도래하는 금융상품은 '단기 금융자산'으로, 1년이 넘어가는 금융상품은 '장기 금융자산'으로 분류한다. 그 안에서도 국제회계기준에서는 세부적인 계정과목을 강제하고 있는데, 상장기업의 재무제표를 보면 국제회계기준에서 소개하는 계정과목을 쉽게 알 수 있다. 대표적인 계정과목은 자주 파악해 익숙해질 필요가 있다.

재무상태표상 대표적인 계정과목

자산	부채
1. 유동자산 　현금 및 현금성자산 　단기 매매 금융자산 　매출채권 　재고자산(상품, 제품) 　단기대여금 　미수금 2. 비유동자산 　특허권 　건물 　기계장치 　차량운반구 　토지 　투자부동산	1. 유동부채 　매입채무 　단기차입금 　미지급금 　선수금 2. 비유동부채 　사채 　장기미지급금 　퇴직급여충당부채 　이연법인세부채
	자본
	1. 자본금 2. 자본잉여금 　주식발행초과금 　감자차익 3. 자본조정 　자기주식 　주식할인발행차금 4. 기타포괄손익누계액 5. 이익잉여금

손익계산서상 대표적인 계정과목

비용	수익
1. 매출원가 2. 판매비와 관리비 　급여 　임차료 　광고비 　접대비 　수도광열비 　여비교통비 　세금과 공과 3. 영업외비용 　잡비 　화재 손실	1. 매출액 　상품 매출액 　서비스 매출액 2. 영업외수익 　자산수증이익 　이자수익 　배당금수익 　단기매매증권평가이익 　투자부동산평가이익

재무상태표
제대로 알기

재무상태표는 사람으로 치면 지금 이 순간 자신의 모습이라고 볼 수 있다. 사람은 보통 자동차, 집, 옷, 노트북, 스마트폰, 잠재력(?)과 같은 수많은 자산을 가지고 산다. 그러면서 한편으로는 집을 사기 위해 은행에서 대출을 받거나 친구로부터 돈을 빌리기도 한다. 심지어 외상값을 갚아야 할 가게도 더러 있을 수 있다. 이처럼 갖고 있는 자산뿐만 아니라 부채도 함께 고려해야 한다. 내가 가진 수많은 자산 중에서 일부를 처분해 부채를 갚고 나면 순수한 내 몫이 남을 텐데, 이것이 바로 자본이다.

자산, 부채, 자본의 구성

이는 기업에도 동일하게 적용된다. 기업은 건물, 재고자산, 현금 및 현금성자산, 금융자산, 무형자산, 투자부동산 등 수없이 많은 자산을 보유하고 있다. 부채도 상당히 다양한데 외상매입금, 미지급금, 사채, 장기차입금, 각종 충당부채 등이 그것이다. 자산총계에서 부채총계를 차감하면 기업의 자본이 나온다. 여기서 자본은 기업의 주인인 주주의 몫이다. 결국 기업의 재무상태는 기업이 가진 자산, 부채, 자본의 크기와 구성을 말한다.

기업은 영업활동을 통해서 지속적으로 성장하는 존재다. 기업의 원활한 영업활동을 위해서는 투자가 필요하고, 이를 위한 자금이 유입되어야 한다. 자금의 유입경로는 재무상태표만 살펴봐도 명확하게 알 수 있다. 크게 두 가지 경로인데 하나는 부채를 통해 빌려오는 것이고, 다른 하나는 자본을 통해 투자자를 모집하는 것이다. 여기서 부채는 기업이 갚아야 할 의무다. 다 갚고 남은 것을 투자자인 주주가 가져가는 것이기에 자본을 '잔여지분'이라고 하는 것이다.

재무상태표의
세부 항목

재무상태표를 세세히 보면 기업에 대한 많은 정보를 알 수 있다. 기업의 자산은 1년 이내에 현금화가 되는 유동자산과 1년 이후에 현금화가 되는 비유동자산으로 나뉜다. 부채도 마찬가지다. 1년 이내에 현금화되는 유동부채와 1년 이후에 현금화되는 비유동부채가 있다. 그리고 자산에서 부채를 차감하고 남은 자본도 주주와의 거래 형태에 따라서 자본금, 자본잉여금, 자본조정, 기타포괄손익누계액, 이익잉여금으로 세분화된다. 재무상태표를 통해 우리는 그 기업의 세세한 재무상태를 일람할 수 있다.

재무상태표의 구성

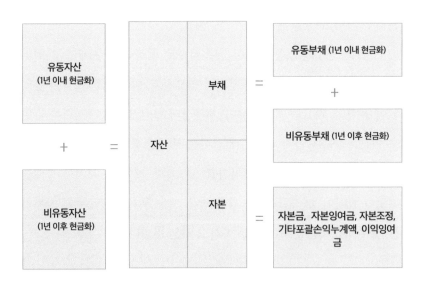

뒤에서 다루겠지만 유동자산과 비유동자산의 주요 항목을 파악하고, 유동부채와 비유동부채를 정확하게 알면 기업을 재정상태를 확실하게 파악할 수 있다. 보통 재무상태표의 총자산금액을 통해서 회사의 규모를 가늠해볼 수 있으며, 부채금액과 자본금액의 구성을 통해 회사의 재무구조가 건전한지 파악할 수 있다. 또한 이익잉여금의 크기를 통해 과거 영업활동으로 내부 유보된 자금이 어느 정도인지 파악할 수 있고, 유동자산과 유동부채를 비교해 단기 채무상환능력 등 회사의 안정성에 대한 정보를 얻을 수 있다.

재무상태표 세부 항목

자산	유동자산	현금 및 현금성자산, 매출채권(외상매출금, 받을 어음), 선급금, 재고자산, 단기대여금
	비유동자산	유형자산(건물, 사용목적 토지, 기계장치, 차량운반구), 무형자산(특허권, 영업권, 상표권, 개발비 등), 장기 금융자산(매도 가능 증권, 만기 보유 증권)
부채	유동부채	매입채무(외상매입금, 지급어음), 선수금, 미지급금, 단기차입금
	비유동부채	사채, 장기차입금, 퇴직급여충당금, 제품보증충당부채, 이연법인세부채 등
자본	자본금	보통주자본금(보통주 발행주식 수×액면가액) 우선주자본금(우선주 발행주식 수×액면가액)
	자본잉여금	주식발행초과금, 자기주식처분이익, 감자차익
	자본조정	주식할인발행차금, 자기주식, 자기주식처분손실, 감자차손
	기타포괄손익누계액	매도가능증권 평가이익, 재평가잉여금, 해외사업장환산손익 등
	이익잉여금	임의적립금, 이익준비금, 미처분이익잉여금

실제 기업의
재무상태표 살펴보기

재무상태표가 기업의 내부 비밀이어서 구하기 힘들다고 오해하는 사람이 생각보다 많다. 주식 시장에 상장되어 있는 회사나 이해관계자가 많은 대규모 회사는 재무제표를 일반 대중에게 공개하도록 법이 강제하고 있다. 이렇게 공개된 정보는 인터넷을 통해 생각보다 쉽게 구할 수 있다.

1. 전자공시시스템 이용하기

주식회사 등의 외부감사에 관한 법률에 의해서 일정 규모 이상의 기업은 회계감사를 받아야 하고, 사업보고서와 감사보고서를 금융감

전자공시시스템 웹사이트 화면. 다양한 기업의 재무제표를 검색할 수 있다.

독원의 전자공시시스템(dart.fss.or.kr)에 공개하도록 되어 있다. 따라서 이 전자공시시스템에 접속하기만 하면 다양한 기업의 재무제표를 입수하는 것은 식은 죽 먹기다. 함께 따라 해보자.

우선 전자공시시스템 웹사이트에 접속한다. 전자공시시스템 웹사이트에서 회사명과 기간을 체크하는 등 검색엔진을 활용하면 손쉽게 사업보고서와 재무제표를 찾을 수 있다. 여기서 회사명에 '삼성전자'를 입력하고 기간은 최근 1년을 입력한다. 좀 더 구체적으로 사업보고서를 찾고 싶으면 '정기공시' 메뉴에서 '사업보고서'의 체크박스를

전자공시시스템에서 찾은 삼성전자의 재무제표

클릭하면 된다.

그러면 검색결과가 나온다. 가장 최근에 공시된 사업보고서를 클릭해보자. 사업보고서에 들어가면 왼쪽 '문서목차' 메뉴가 보일 것이다. 여기서 '재무제표'를 클릭하면 각종 재무제표를 볼 수 있다. 이처럼 전자공시시스템을 활용하면 주식 시장에 상장된 기업들의 재무구조를 면밀히 파악할 수 있다.

2. 기업 홈페이지를 통해서 재무정보 구하기

만약 전자공시시스템에 나오지 않는 기업이라면 어떻게 해야 할까? 요즘에는 웬만해서는 해당 기업 홈페이지에서 IR 자료를 발견할 수 있다. IR이란 기업이 자본시장에서 정당한 평가를 얻기 위해 투자자를 대상으로 실시하는 홍보활동을 뜻한다. 기업도 투자자를 모집하기 위해서는 당연히 자신의 회사를 홍보해야 한다. 그렇기에 기업 홈페이지에 재무상태나 경영 성과를 자체적으로 공시하곤 한다. 이를 참고하면 수월하게 재무정보를 수집할 수 있을 것이다.

재무상태표로 본
자금의 조달과 경영

앞서 말했듯이 재무상태표의 왼쪽은 차변이고 오른쪽은 대변이다. 차변에는 자산이 기록되어 있고, 대변에는 부채와 자본이 기록되어 있다. 여기서 자산은 쉽게 생각해서 회사의 재산을 말한다. 회계상으로는 앞으로 기대되는 수익의 현재 가치 혹은 미래경제적효익에 대한 기업의 통제를 자산이라고 한다. 기업의 권리라고 이해해도 무방하다. 기업의 자산은 현금 및 현금성자산, 상품 및 제품 등 재고자산, 건물과 구축물, 기계장치, 차량운반구, 특허권, 금융자산 등 종류가 다양하다.

자산, 부채, 자본의 이해

차변	대변
자산 (경영을 통해 돈을 벌어오는 회사의 재산)	부채 (채권자로부터 조달한 자금)
	자본 (주주로부터 조달한 자금)

자산은 기본적으로 취득할 당시의 가격인 역사적 원가로 기재하며, 간혹 '일반적으로 인정된 회계 원칙'에서 요구하는 경우 시장가치 혹은 공정가치로 측정해 기록한다. 기업은 자산을 경영해 매출액 등의 수익을 창출한다. 결국 자산을 잘 사용해서 돈을 버는 것이 기업이다.

반면 자산을 취득하기 위해서는 자금이 필요한데, 자금의 조달 원천을 나타낸 것이 재무상태표의 대변이다. 대변에는 부채와 자본이 기록되어 있다. 부채는 채권자로부터 자금을 조달한 것을 말하며 언젠가는 갚아야 할 빚이다.

자본은 주주로부터 자금을 조달한 것을 말하며 투자자의 몫을 나타낸다. 자본은 기업의 주인인 주주에게 귀속되므로 자산에서 부채를 뺀 나머지인 순자산이라고 부르기도 한다.

기업 경영에서 가장 중요한 구분은 부채와 자본의 구분이다. 앞서 자산을 경영하기 위해서 조달할 수 있는 자금의 원천이 부채와 자본이라는 것을 배웠다. 그중에서 언젠가는 갚아야 할 돈을 부채라고 하고, 회사가 망하지 않는 한 갚을 의무가 없는 돈을 자본이라고 한다.

즉 자본은 기업의 주인인 주주의 자금이기에 늘어나면 주주의 이익이고, 줄어들면 주주의 손해라고 보면 된다.

부채와 자본은 하늘과 땅 차이

자금조달의 구분이 중요한 이유는 부채의 특성에 있다. 부채를 갚지 못하면 회사는 파산하게 되지만 자본 때문에 기업이 망하는 경우는 거의 없다. 기업 경영에서 회계상 가장 중요한 가정은 계속기업의 가정(GCA; Going Concern Assumption)이다. 즉 기업이 지속할 수 없다면 망한 것과 다름없다. 기업의 지속성은 부채를 잘 갚을 수 있는지 여부에 달려 있는데, 부채를 너무 많이 쓰면 파산할 위험도 그만큼 늘어난다. 회사 재산을 처분해서도 부채를 갚지 못할 지경에 이르면 회사를 당장 청산하자는 압력에 시달리게 된다. 그렇기에 부채 수준을 안정적으로 일정하게 유지하는 것이 경영자의 첫 번째 관리 목표가 되어야 한다.

꾸준히 성장세를 보이는 기업의 경우에는 부채에서 자금의 대부분을 조달해도 탈이 나지 않는다. 그러나 갑작스럽게 불황이 오는 경우 과다한 부채를 사용한 기업은 부채 상환의 의무로 원활한 경영활동이 어려워지고 손익이 악화되기도 한다. 부채는 필연적으로 이자비용을 야기하기 때문에 경영 성과인 순이익에 큰 부담을 준다. 부채를 잘 관리하는 것이 자금조달인 대변의 핵심이고 이것이 기업의 안정성을 평가하는 기준이다.

기업의 안정성 검토하기

부채의 비중을 검토하기에 앞서 자본의 비중은 충분한지 검토하는 방법이 있다. 자본의 비중은 자기자본비율로 검토할 수 있는데, 자기자본비율이란 자산을 운영하기 위해 조달한 자금 중에서 자본이 차지하는 비율을 말한다. 공식은 이렇다.

자기자본비율 = 자본/자산

자기자본비율은 기업의 장기적인 안정성을 볼 수 있는 비율이다. 업종이나 기업의 경영 상황에 따라 다르지만 설비 투자 등 비유동자산이 많은 부분을 차지하는 기업의 경우 20~30% 이상, 단기 금융자산 및 재고자산 등 유동자산이 많은 부분을 차지하는 기업은 10~15% 이상은 되어야 안전하다고 할 수 있다.

자기자본이 충분한지 여부를 검토하는 것은 기업의 장기적인 생존 가능성을 가늠해보는 지표지만, 반드시 기업의 단기적인 생존능력을 나타내는 것은 아니다. 자기자본비율의 반대되는 지표가 부채비율인데 공식은 다음과 같다.

부채비율 = 부채/자산

부채비율은 낮을수록 안전하지만 그렇다고 지나치게 낮으면 수익성이나 성장성에 문제가 생길 수 있다. 적당한 부채는 기업의 가용자금을 늘리고, 수익이 많이 나는 호황기에는 레버리지 효과를 누릴 수 있으므로 나쁘다고만 할 수 없다.

단기적으로 망하지 않을 기업인지 판단하기

주변에서 단기적으로 파산하거나 상장폐지를 당하는 회사를 자주 목격하곤 한다. 오늘날과 같은 제4차 산업혁명 시대에는 장기적으로 살아남는 것보다 단기적으로 잘 버틸 수 있는지 여부가 기업의 생존에 더 중요한 이슈인지도 모르겠다.

만약 누군가 필자에게 당장 어떤 기업이 망할지 안 망할지 재무제표를 보고 알려달라고 요청한다면 가장 먼저 유동자산과 유동부채를 확인할 것이다. 유동자산은 1년 이내에 현금화할 수 있는 자산이고 유동부채는 1년 이내에 갚아야 할 부채다. 그렇기에 이 둘은 기업의 단기적인 상황을 가장 잘 보여주는 항목이다.

유동자산이 유동부채보다 충분히 많다면 기업은 단기간에 파산할 위험 없이 사업을 영위할 수 있다. 기업이 부채를 갚지 못하면 망하기 때문에 이는 너무 당연한 이치다. 부채를 갚지 못한다는 것은 당장 갚을 돈도 능력도 없다는 뜻인데, 유동부채를 갚지 못한다는 것을 의미하는 경우가 대부분이다. 당장의 현금 유출을 막을 길이 없다면 기업은 파산을 선언해야 한다. 이러한 리스크는 재무상태표만 보면 충분히 알 수 있다.

유동자산에는 현금 및 현금성자산 외에 기업이 상품을 팔거나 서비스를 제공하고 아직 받지 못한 매출채권과 상품, 제품, 원재료, 재공품 등의 재고자산, 단기적으로 미리 지출한 금액인 선급금 등이 있다. 여기서 현금성자산은 취득 당시로부터 3개월 이내에 회수되는 자산으로 유동성이 매우 크다고 볼 수 있다. 반면 유동부채는 단기간 내에 갚아야 하는 부채로 기업이 상품 등을 매입하고 지급해야 할 매입채무, 1년 이내에 상환이 예정되어 있는 단기차입금 등이 있다.

유동성이 높을수록 기업은 단기적으로 안전한데 이를 확인할 수 있는 지표가 바로 유동비율이다.

유동비율=유동자산/유동부채

　유동비율은 클수록 좋지만 일반적으로 100~120% 정도면 안전하다고 할 수 있다. 유동자산이 유동부채보다 큰 것이 일반적이며, 업종에 따라 다르지만 100%만 넘으면 큰 문제는 없다고 판단해도 될 것이다.

재무상태표를 통한 분식회계 유형

이번에는 재무상태표를 통해 회계사도 속아 넘기는 분식회계의 유형에 대해 알아보자.

대표적인 분식회계 유형

1. 매출채권으로 매출액과 이익 부풀리기

최근에 터진 분식회계 사건 중 가장 심각했던 사례는 대우조선해

양의 분식회계 사건이었다. 전문가인 회계사들도 기업의 분식회계를 파악하지 못하고 속아 넘어가는 경우가 많다는 것을 단적으로 보여준 사건이 아닐 수 없다.

가장 대표적인 분식회계 방법은 매출채권으로 매출액과 이익을 부풀리는 것이다. 매출액을 키우면 그만큼 수익이 증가하고 자연스럽게 이익률을 곱한 순이익도 증가해 겉으로는 기업의 경영 성과가 좋아 보인다. 이러한 분식회계 기술은 현금은 유입되지 않는데 이상하게 매출채권은 크게 잡는 방식으로 이뤄진다.

만약 재무제표를 보다가 전년 대비 갑작스럽게 매출채권이 증가했다면 뭔가 위험하다는 느낌을 가져야 한다. 회사 담당자가 다른 회사나 가상의 거래처와 짜고 매출액을 과다하게 기록했을 가능성이 있기 때문이다. 물론 올해 실적을 늘리기 위해 현금 회수 가능성이 낮은 기업과 무리하게 거래했을 수도 있지만 이 또한 분식회계만큼 문제가 많다. 나중에 현금 유동성이 악화될 것이 뻔하기 때문이다. 현금 회수가 안 되는 매출액은 기업이 파산하는 가장 큰 원인이다.

매출채권의 분식을 파악하기 어려운 이유는 대손충당금이라는 회계처리 방식에 있다. 대손이란 회사가 매출채권을 회수하지 못해 비용처리하는 것을 말하는데, 이를 미리 예상해서 매출채권을 감액하는 것을 대손충당금 회계라고 한다. 그런데 회수 가능성이 없는 매출채권임에도 대손충당금을 설정하지 않으면 매출채권이 과다하게 표시되어 순이익이 과대표시 될 수 있다. 이는 전문가라도 단기간에 발견하기 어렵다. 이렇게 되면 나중에 회수되지 않는 매출채권이 한꺼번에 적체되어 기업의 적자 규모가 눈덩이처럼 커질 수 있다. 풍선을 억지로 물속으로 누르더라도 나중에는 결국 강한 힘으로 떠오르는 것과 비슷한 이치다.

2. 재고자산으로 원가 낮추기

재고자산은 제품, 상품, 원재료 등이 있는데 이를 이용해 분식회계를 하면 매출채권으로 매출액과 이익을 부풀리는 경우보다 더 발견하기 어렵다. 회계감사에서 회계사들이 기말재고자산이 적정한지 수량을 확인하는 작업을 수행하긴 하지만, 이것이 진부화된 재고자산인지 일일이 파악하는 것은 현실적으로 불가능하기 때문이다. 회계사가 기업의 창고에 가서 직접 눈으로 한물간 상품이나 원재료가 있는지 확인하는 것은 투입 시간 대비 효율이 지극히 낮다. 이러한 점을 이용해 진부화된 재고자산을 정상적인 재고자산의 원가로 재무상태표에 기록해 비용을 지속적으로 누락하는 수법으로 이익을 부풀리는 경우가 있다.

재고자산이 진부화될 경우 재고자산 평가손실로 비용처리를 해야 한다. 당연히 이 비용이 클수록 회사의 경영 성과는 악화되는데, 이러한 상황을 막기 위해 썩어 있는 재고자산을 정상적인 재고자산처럼 둔갑시키는 방식으로 분식회계를 하는 것이다. 이를 제대로 검토하기 위해서는 매출액 대비 재고자산의 비율이나 매출원가 대비 재고자산의 비율이 증가하는지를 확인한 다음, 지나치게 증가하고 있다면 의심을 해봐야 한다.

손익계산서로
당기 성과 확인하기

앞서 재무상태표를 통해 기업의 규모와 재무구조를 파악하는 방법에 대해 살펴봤다. 이번에는 손익계산서를 통해 기업의 수익성을 따져볼 차례다. 손익계산서는 일정 기간 동안의 이익 및 손실 등의 내용을 기록한 기업의 경영 성과를 보여주는 재무제표다. 손익계산서를 통해 수익과 비용은 물론, 이 둘의 차액인 순이익을 확인할 수 있다. 여기서 계산된 순이익은 주주에게 배당을 줄 수 있는 재원으로, 재무상태표상 이익잉여금으로 흘러들어간다. 손익계산서의 구성과 손익계산서를 확인하는 방법에 대해 차례대로 알아보자.

손익계산서의
구성

손익계산서의 구성을 보면 '수익-비용=순이익'으로 구성되어 있다. 여기서 수익은 기업이 번 돈을 의미하고, 비용은 기업이 돈을 벌기 위해 쓴 돈을 의미하고, 순이익은 기업이 올해 벌고 남긴 돈을 의미한다. 손익계산서는 일정 기간 동안 기업이 벌어들인 수익과 비용을 통해서 얼마나 남겼는지 순이익을 계산하는 작업을 보여준다. 손익계산서의 구성을 구체적으로 살펴보자.

손익계산서의 구성

매출액	
-	매출원가
=	매출총이익
-	판매비와 관리비
=	영업이익
+	영업외수익
-	영업외비용
=	법인세비용차감전순손익
-	법인세비용
=	당기순이익

우선 맨 위에 매출액이 있다. 이 매출액이라는 녀석은 기업의 주된 영업활동으로 벌어들인 수익을 의미한다. 만약 기업이 서비스업이라면 물건을 팔아서 벌어들인 수익은 부수입이므로 영업외수익이 될 것이다. 이런 기업에게 있어 매출액은 서비스를 제공하고 벌어들인 수익이다.

그다음 매출원가는 매출액을 벌어들이는 데 직접 대응되는 비용이다. 판매업이라면 물건의 원가가 매출원가가 될 것이고, 서비스업이라면 매출액에 직접 기여한 노무비가 매출원가일 것이다. 매출원가는 컨설팅 실무에서 매출액의 일정 비율로 계산할 때가 많은데, 이를 '매출원가율'이라고 부른다.

매출총이익은 매출액에서 매출원가를 차감한 금액이다. 매출총이익은 매출을 통해서 당장 남긴 돈이라고 보면 된다. 매출총이익에서 시작해 각종 부수적 비용을 뺄 준비를 하기 때문에 이름은 총이익이지만 수익과 같은 개념이라고 보면 된다.

판매비와 관리비는 영업활동에 기여한 매출원가를 제외한 모든 비용이라고 보면 된다. 물건을 파는 기업의 경우 물건의 원가가 매출원가라면 그 물건을 홍보하고 광고하는 비용, 사무실을 운영하는 비용, 접대하는 비용 등은 모두 판매비와 관리비에 해당한다.

영업이익은 매출총이익에서 판매비와 관리비를 차감한 영업활동에서 벌어들인 이익이라고 볼 수 있다. 영업이익은 영업활동의 직접적인 결과물이기 때문에 증가 추세에 있다면 그 기업의 사업성이 좋다고 볼 수 있다. 영업활동을 잘하는 기업일수록 영업이익이 높고 매기 증가한다.

영업외수익과 영업외비용은 영업활동과 관련이 없는 손익이다. 예를 들면 자금을 조달하는 과정에서 발생한 이자비용은 영업외비용이다. 반대로 이자수익은 영업외수익이라고 할 수 있다. 물론 금융업을 영위하는 기업에게는 이게 주된 영업활동이기에 이자수익이 매출액이 될 수 있지만 이 밖에 기업에게 이자는 영업외비용 항목이다.

법인세비용차감전순손익은 영업이익에서 영업외수익은 더하고 영업외비용은 차감해서 구한다. 이는 다른 말로 세전이익이라고 하는데, 법인세비용을 계산하기 전 이익의 개념이다.

당기순이익은 매출액에서 모든 경제주체에게 비용을 귀속시키고 남은 이익으로 주주에게 귀속된다. 당기순이익은 재무상태표에서 이익잉여금 항목으로 대체되며 주주에게 배당금을 줄 수 있는 재원이 된다.

손익계산서 확인하는 방법

손익계산서도 재무상태표와 마찬가지로 재무제표의 일종이다. 따라서 상장기업이라면 재무제표를 공시하는 전자공시시스템을 통해 확인할 수 있다. 이해를 돕기 위해 네이버와 삼성전자의 손익계산서를 비교해보자.

네이버의 포괄손익계산서(단위: 천 원)

구분	제17기	제16기	제15기
영업수익	2,141,274,744	1,637,164,959	1,223,505,708
영업비용	1,314,783,446	925,265,388	633,108,161
영업이익	826,491,298	711,899,571	590,397,547
기타이익	28,903,178	6,760,658	6,983,494
기타손실	45,210,354	33,375,066	134,309,618
금융수익	50,553,729	55,493,314	89,516,729
금융비용	12,237,118	133,759,002	9,862,020
법인세비용 차감전이익	848,500,733	607,019,475	542,726,132
법인세비용	205,905,080	146,363,482	105,439,655
계속영업순이익	642,595,653	460,655,993	437,286,477
중단영업 이익(손실)			1,523,357,290
당기순이익(손실)	642,595,653	460,655,993	1,960,643,767

삼성전자의 포괄손익계산서(단위: 백만 원)

구분	제47기	제46기	제45기
수익(매출액)	135,205,045	137,825,547	158,372,089
매출원가	99,659,336	99,188,713	110,731,528
매출총이익	35,545,709	38,636,834	47,640,561
판매비와 관리비	22,147,494	24,711,840	25,833,556
영업이익(손실)	13,398,215	13,924,994	21,807,005
기타수익	1,543,190	3,507,303	3,130,308

기타비용	792,058	706,929	792,210
금융수익	4,917,385	4,289,118	3,918,900
금융비용	4,714,115	3,733,845	3,846,744
법인세비용차감 전수이익(손실)	14,352,617	17,280,641	24,217,259
법인세비용	2,114,148	2,688,860	6,287,739
계속영업이익(손실)	12,238,469	14,591,781	17,929,520
당기순이익(손실)	12,238,469	14,591,781	17,929,520
주당이익			
기본주당이익(손실) (단위: 원)	82,682	96,784	118,946
희석주당이익(손실) (단위: 원)	82,680	96,779	118,921

네이버의 손익계산서는 영업수익에서 시작한다. 그 이유는 네이버는 물건을 파는 회사가 아니라 모든 매출액이 서비스 매출이기 때문이다. 영업수익에서 간단하게 영업비용을 차감하는 형식으로 보여준다. 반면 삼성전자는 제조업이기 때문에 맨 위에 정상적으로 매출액 항목이 있는 것을 확인할 수 있다.

네이버의 당기순이익은 약 6,400억 원이다. 삼성전자는 당기순이익이 12조 원이 넘는다. 두 기업은 규모 자체에서 비교하는 것 자체가 의미가 없다. 주가도 차이가 상당히 크다. 재미있는 사실은 네이버는 매출수익이 약 2조 1,400억 원이고 삼성전자는 135조 원에 달한다. 매출액이 70배 가까이 차이 나는데, 당기순이익은 20배 차이밖에 나지 않는다. 즉 삼성전자의 경우 중간에 비용으로 차감되는 항목이 어마어마하다는 것을 추측해볼 수 있다. 실제로도 그렇다.

투자를 하거나 기업 분석을 할 때 보통 매출액 규모만 보고서 섣불리 판단하는 경우가 많다. 그러나 매출액이 아무리 크더라도 비용을 통제하지 못한다면 당기순이익이 크게 나올 수 없다. 오히려 당기순손실을 기록하는 적자 기업일지 모른다. 따라서 비용구조도 잘 따져봐야 한다. 구체적인 분석기법은 후술하겠다.

영업수익, 당기순이익 추세로 안정성 파악하기

  기업의 손익계산서로 수익성을 분석할 때 가장 먼저 확인해야 하는 것은 영업수익(매출액)과 영업이익, 그리고 당기순이익이 매년 증가하는 추세에 있는지 보는 것이다. 이러한 정보는 네이버 금융 (finance.naver.com)에서 기업명만 검색해도 쉽게 확인할 수 있다. 상세한 내용은 앞서 언급한 금융감독원의 전자공시시스템에서 확인 가능하다. 영업수익(매출액), 영업이익, 당기순이익을 면밀히 확인해야 하는 이유는 이를 통해 수익성과 그 수익의 질(Quality)을 알 수 있기 때문이다.

사례로 살펴보는
기업의 안정성

두나무의 손익계산서를 다시 살펴보자. 두나무의 2020년 영업수익은 2019년에 비해서 365억 원 증가했고, 영업이익은 443억 원 증가했다. 영업이익은 거의 2배 증가한 것을 알 수 있다. 당기순이익은 361억 원 증가해 전년 대비 약 4배 증가했다. 이익의 증가세뿐만 아니라 이익의 질도 개선된 것을 알 수 있다. 영업활동으로 벌어들인 수익이 1년 동안 증가했다는 뜻이다.

물론 2018년과 비교하면 영업수익, 영업이익, 당기순이익 모두 폭락했다. 하지만 이는 2018년에 비트코인이 급락하면서 정부의 제재가 강화되고 암호화폐의 인기가 줄어든 결과라고 볼 수 있다. 당시에는 미 재무부가 암호화폐 규제를 계획한다는 루머가 떠돌았고, 모 암호화폐 거래소 임원들이 상장하자마자 거의 5조 원에 가까운 주식을

두나무의 포괄손익계산서

구분	2018년	2019년	2020년
영업수익	4,795억 원	1,402억 원	1,767억 원
(-) 영업비용	(1,943억 원)	(979억 원)	(901억 원)
영업이익	2,852억 원	423억 원	866억 원
(+/-) 영업외손익	(29억 원)	(17억 원)	(555억 원)
당기순이익	1,394억 원	116억 원	477억 원

팔아치운 사건도 있었다. 시장의 신뢰가 추락하면서 이러한 흔적이 재무제표에 고스란히 남아 있는 것이다.

한편 이익을 개선하고 싶다면 원가를 적절히 낮춰야 한다. 아무리 매출액 또는 영업수익이 증가한다고 하더라도 원가가 수익보다 크면 적자를 기록할 것이다. 원가를 통제하는 것만을 다루는 회계가 원가관리회계인데, 경영자는 각종 민감도 분석을 통해서 이를 시뮬레이션하고 경영관리 방식의 개선을 통해 지속적으로 원가를 낮추고자 노력할 수밖에 없다.

두나무의 경우 영업수익이 감소한 만큼 영업비용도 함께 감소해 순손실이 아닌 순이익이 나는 회사다. 그만큼 안정적인 비용구조를 가지고 있음을 알 수 있다. 단, 시장 전체의 리스크에 대비해 사업의 다각화 및 비즈니스모델 발굴이 중요한 회사라는 점도 알 수 있다.

매출원가를 볼 때는 재고자산을 같이 보자

매출원가는 제조 과정에 투입된 지출액인 제조원가와 다르다. 제조원가는 두 가지 루트로 회계처리가 되는데, 하나는 기말재고자산으로 자산처리되는 것이며, 다른 하나는 매출원가로 비용처리되어 이익을 줄이는 데 기여하는 것이다.

완성된 제품 중 고객에게 팔려서 기업 외부로 나간 것만 매출원가

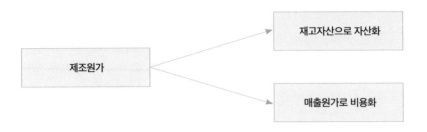

제조원가의 회계처리

제조원가 → 재고자산으로 자산화

제조원가 → 매출원가로 비용화

로 비용처리가 되고, 아직 팔리지 않고 창고에 남아 있는 것은 재고자산이라는 항목으로 재무상태표에 자산으로 기록되어 있는 것이다. 일단은 기업이 제조공정이나 상품으로 지출한 것은 우선 재무상태표의 자산으로 기록되는 것이 원칙이다. 그리고 당기에 팔려나간 것만 비용으로 처리되어 손익계산서에 매출원가로 기록된다. 이는 매우 중요한 논리다.

만약 기업이 팔리지도 않는 제품을 계속 생산한다면 어떻게 될까? 손익계산서상의 매출원가는 기록되지 않지만 재무상태표상의 재고자산은 지속적으로 증가하게 된다. 이는 단기적으로 손익계산서상으로는 이익이 발생하는 것처럼 보인다. 지출액이 모두 비용처리가 되지 않기 때문이다. 오히려 대량으로 생산하면 제품 하나당 원가는 낮아지므로 매출원가가 낮아지기도 한다. 재고자산의 부담을 떠안으면서 무식하게 생산만 하려는 유인이 여기에 있다.

기업의 제조원가에는 생산을 하지 않아도 발생하는 고정원가라는 것이 있다. 이 고정원가는 1개를 생산해도 1천만 원이 발생하고,

1천만 개를 생산해도 1천만 원이 발생한다. 그렇다면 1개를 생산하면 1개당 원가는 1천만 원이겠지만 1천만 개를 생산하면 1개당 원가는 1원이 된다. 그렇기에 매출원가를 줄이는 방법으로 생산량을 늘리고 재고자산을 쌓아두는 방식을 택하는 것이다. 이러한 분식회계 문제를 줄이기 위해서는 재고자산의 수준이 적정한지를 같이 대조해서 보는 것이 중요하다.

현금흐름표
기본기 다지기

현금흐름표는 기업의 현금 변동을 당해 회계연도의 기초현금과 기말현금 중간에 활동별로 세분화해 보여준다. 현금흐름표에서 세분하는 활동은 영업활동, 투자활동, 재무활동으로 구분된다. 구체적으로는 기초현금액에 영업활동현금흐름, 투자활동현금흐름, 재무활동현금흐름을 가감해 기말현금액을 구하는 일련의 과정을 표로 만든 것이다.

현금흐름표는 여타 재무제표와 확연히 다른 특징이 하나 있다. 바로 현금주의 원칙을 토대로 작성했다는 점이다. 다른 모든 재무제표는 발생주의 원칙에 따라서 작성된다. 여기서 간단하게 발생주의와 현금주의에 대해 소개하면 다음과 같다.

현금주의는 현금의 유출과 유입이 있는 항목만 회계처리하는 방법이다. 현금주의는 가계부를 작성하는 것과 유사하다. 현금이 들어오면 플러스(+) 항목으로 기록하고 현금이 나가면 마이너스(-) 항목으로 기록한다. 만약에 기업 거래의 100%가 현금 유출입이 있는 거래라면 현금흐름표의 현금 유출입과 손익계산서의 당기순이익은 일치할 것이다. 그러나 현실적으로 현금흐름표와 손익계산서가 일치하는 경우는 없다. 일치했다면 우연의 일치이거나 현금만 통과하는 도관(Pipe line) 기업일 것이다.

현금주의와 달리 발생주의는 실제로 현금이 들어오거나 나가지 않아도 회계상 거래가 발생했다면 모두 기록하는 방식이다. 현금이 들어오지 않아도 기록해야 할 거래는 무척 많다. 예를 들어 상품 100만 원어치를 거래처로부터 외상으로 구입했다고 가정해보자. 그럼 현금이 나가지는 않았지만 상품은 우리 기업의 창고로 들어온 상태이므로, 차변에 상품 100만 원을 기록해야 한다. 그럼 대변에는 어떻게 기록해야 할까? 현금이 나가지는 않았지만 앞으로 갚아야 할 돈이므로 부채가 잡혀야 한다. 이 경우 대변에는 매입채무라는 부채를 기록한다.

이처럼 발생주의 회계를 적용하기 때문에 다른 재무제표는 다소 복잡한 계정과목이 얽히고 꼬여 있는 것이다. 이를 잘 풀어서 현금 유출입만 발라내어 작성하는 것이 현금흐름표다.

실제 현금흐름표
살펴보기

두나무의 실제 현금흐름표를 보면 다음과 같다. 영업활동으로 인한 현금흐름은 기업의 영업활동을 통해 발생한 현금을 말한다. 회계상으로 '영업이익+감가상각비-법인세'로 계산한다. 당장의 손익보다 몇 년 후의 성장이 기대되는 소수의 회사를 제외하면 이 값은 당연히 클수록 회사에 유리하다.

투자활동으로 인한 현금흐름은 기업이 성장하기 위해 설비 투자를 해서 발생하는 현금흐름을 말한다. 혁신하고 성장하는 기업이라면 당연히 투자활동에 돈을 써야 할 것이며, 따라서 이 값은 너무 크지만 않다면 마이너스가 일반적이고 좋다고 볼 수 있다.

마지막으로 재무활동으로 인한 현금 흐름은 사채 발행, 유상증자, 차입금을 빌리거나 갚는 경우, 배당금 지급 등 기업의 재무활동과 관련된 현금흐름을 말한다. 이 값이 플러스라면 돈을 어딘가에서 빌려온다는 것이고, 마이너스라면 돈을 빌려주거나 이자를 지출한다는 것이다. 쉽게 말해 자본을 조달하고 상환하는 과정에서 발생하는 현금의 유출입을 말한다. 재무활동현금흐름은 대부분의 기업에서 마이너스로 나타난다.

2020년 들어서 영업활동현금흐름이 급격히 증가한 것은 업비트의 수수료 수입과 고객의 예치금 증가가 한꺼번에 일어난 결과로 보여진다.

두나무의 현금흐름표 (단위: 십억 원)

과목	2020년		2021년	
Ⅰ. 영업활동으로 인한 현금흐름		843		(84)
1. 당기순이익	48		12	
2. 현금의 유출이 없는 비용 등의 가산	81		89	
3. 현금의 유입이 없는 수익 등의 차감	(32)		(41)	
4. 영업활동으로 인한 자산 부채의 변동	721		(93)	
5. 이자의 수취	1		3	
6. 배당의 수취	0.2		0.2	
7. 법인세의 환급(납부)	23		(54)	
Ⅱ. 투자활동으로 인한 현금흐름		(78)		(54)
1. 투자활동으로 인한 현금 유입액	18		8	
2. 투자활동으로 인한 현금 유출액	(96)		(61)	
Ⅲ. 재무활동으로 인한 현금흐름		(8)		(20)
1. 재무활동으로 인한 현금유입액	5		5	
2. 재무활동으로 인한 현금유출액	(13)		(25)	
Ⅳ. 현금의 증가(감소)(Ⅰ+Ⅱ+Ⅲ)		757		(158)
Ⅴ. 기초의 현금		323		481
Ⅵ. 현금성자산의 환율변동효과				
Ⅶ. 기말의 현금		1,080		323

현금흐름표
작성법 익히기

현금흐름표를 작성하는 방법은 영업활동현금흐름을 작성하는 방법에 따라서 직접법과 간접법으로 나뉜다. 직접법은 영업활동현금흐름을 세부적으로 고객으로부터 창출한 현금 유입, 종업원에 대한 현금 유출, 공급자에 대한 현금 유출, 법인세 납부로 인한 유출 등으로 나누고 각각의 금액을 합계해 총액으로 계산한다. 반면 간접법은 기업의 당기순이익에서 시작해 간접적으로 현금 이출입이 없는 항목들을 조정해 영업활동현금흐름을 계산한다. 두 방법 모두 결과치인 영업활동현금흐름은 같다.

직접법으로
작성하기

직접법은 영업활동현금흐름의 직접적인 성격을 분석해 각 항목별로 현금흐름을 개별적으로 구해서 합산하는 방식이다. 현금 유입액을 원천별로 구분하고 현금 유출도 각 용도별로 구분해서 표시한다. 현금 유출과 유입을 매출과 매출원가, 급여 등에서 조정해 현금주의 수익과 비용으로 전환한다는 점에서 현금주의 손익계산서라는 별명을 갖고 있다.

직접법 현금흐름표 예시

영업활동현금흐름

1. 고객으로부터 유입된 현금	100,000,000
2. 공급자에 대한 현금 유출	(50,000,000)
3. 종업원에 대한 현금 유출	(20,000,000)
4. 이자로 인한 현금 유출	(5,000,000)
5. 법인세 납부로 인한 유출	(5,000,000)
영업활동순현금흐름	20,000,000

이를 작성하기 위해서는 각 항목별 현금을 구할 필요가 있다. 예를 들어 고객으로부터 유입된 현금은 '매출액+매출채권의 감소액-매출채권의 증가액'으로 구할 수 있다. 매출액을 현금으로 받는다고 가정한 것으로, 매출채권이 증가하면 그만큼 현금으로 못 받았기 때문

에 차감하고 매출채권이 감소하면 그만큼 현금을 더 회수했으므로 가산한다.

간접법으로
작성하기

간접법은 기업의 손익계산서에 있는 당기순이익에서 시작해 현금 유출이 없는 비용은 가산하고, 현금 유입이 없는 수익은 차감한 후에 영업활동으로 인한 자산과 부채의 변동을 가감해 영업활동현금흐름을 계산하는 방법이다. 당기순이익과 현금흐름의 관계에 대해 잘 보여주고 작성이 쉽다는 장점이 있다. 대부분의 법인이 직접법보다 간접법을 선호하는데, 최근 국제회계기준의 도입으로 직접법을 권고하는 추세이기는 하다. 간접법으로 현금흐름표를 작성해보자.

우선 영업활동과 관련 없는 손익을 당기순이익에서 조정하는 것이 필요하다. 제거해야 하는 손익 항목에는 현금의 유출과 유입이 없는 손익(예를 들어 감가상각비 등)과 투자활동 및 재무활동과 관련한 손익이 있다. 이를 제거해야 손익계산서의 당기순이익이 현금의 유입과 유출이 있는 영업손익만 남게 된다.

영업활동현금흐름＝당기순이익-현금 유입 없는 영업수익＋현금 유출 없는 영업비용(감가상각비)＋영업활동 관련 자산 감소-영업활동 관련 자산 증가＋영업활

동 관련 부채 증가 - 영업활동 관련 부채 감소

A회사의 영업활동과 관련된 자산과 부채의 증감내역(단위: 원)

구분	2016년 말	2015년 말	증감액
매출채권	125,000,000	135,000,000	10,000,000 감소
매입채무	55,000,000	40,000,000	15,000,000 증가
재고자산	40,000,000	30,000,000	10,000,000 증가
급여미지급금	21,000,000	11,000,000	10,000,000 증가

A회사의 영업활동과 관련된 자산과 부채의 증감내역이다. 이 자료를 통해서 현금흐름표상 영업활동현금흐름을 계산하면 다음과 같다.

간접법 현금흐름표 예시

영업활동현금흐름

1. 당기순이익	50,000,000
2. 감가상각비	10,000,000
3. 사채상환손실	5,000,000
4. 유형자산처분이익	(20,000,000)
5. 매출채권 감소	10,000,000
6. 매입채무 증가	15,000,000
7. 재고자산 증가	(10,000,000)
8. 급여미지급금 증가	10,000,000

영업활 순현금흐름   70,000,000

A회사는 2016년 손익계산서상으로 당기순이익이 50,000,000이다. 이 회사는 감가상각비가 10,000,000이고, 사채상환손실이 5,000,000이 있다. 손익계산서를 보니 유형자산처분이익 20,000,000이 눈에 띈다.

주석도
재무제표다

사람들이 재무제표의 한 종류인데도 잘 모르는 것이 있다. 바로 주석이다. 주석은 재무제표 본문에 대한 상세한 정보와 재무제표 본문에서 기재할 수 없는 추가적인 정보를 부연 설명하는 역할을 한다. 재무상태표상에 나오는 자산의 종류는 가지각색인데 보통 통일해서 유형자산으로 표시하는 경우가 많다. 실무상 편의를 위해 통일한 것인데, 이렇게 되면 각 자산의 상세한 내역과 자산에 담보처럼 권리가 제한되어 있는지 여부를 알 방법이 없다. 이를 확인하기 위해 보는 것이 주석이다.

주석을 반드시
확인해야 하는 이유

삼성전자의 재무제표를 검색해보면 주석이 생각보다 자세히 나와 있다. 유형자산의 감가상각 방법과 내용연수 등 회계처리 방법을 명시하고 있는 동시에 특이한 사항에 대해서는 자세하게 분석해두고 있다. 그중에서 매출채권이 눈에 띄는데, 매출채권을 잘 회수할 수 있는지는 많은 이해관계자에게 매우 중요한 문제다. 이러한 정보를 확인하기 위해서라도 주석을 들여다볼 필요가 있다.

매출채권의 금액이 18,550,341로 공시되어 있지만 구체적인 내역은 상환 능력별로 나눠서 설명하고 있다. 이런 정보를 보면 단순히 금액만 볼 때보다 기업의 상황을 훨씬 자세히 이해할 수 있다. 우량하다고 생각했던 기업의 내역도 주석을 자세히 들여다보면 위험요소가 발견될 수 있다.

주석은 회계 정보 중에서 가장 중요한 '설명'에 해당하는 부분이다. 재무제표만 보고 주석을 보지 않는 것은 재무제표의 절반만 이해하는 것과 같다. 그러나 아쉽게도 주식 투자자나 정보이용자 대부분이 재무제표의 숫자만 보려고 하지 주석에는 관심을 갖지 않는다. 부디 이 책의 독자는 재무제표를 분석할 때 주석을 보는 습관을 들이길 바란다.

삼성전자의 재무제표 '가. 매출채권' 주석(단위: 백만 원)

구분	당기 말	전기 말
외부 신용등급이 있는 거래상대방		
상환능력 우수, 최고	395,067	608,089
상환능력 양호	731,050	417,334
상환능력 적정	45,004	62,244
상환 가능	125,353	957
소계	1,296,474	1,088,624
외부 신용등급이 없는 거래상대방		
Group 1	17,781,245	16,703,909
Group 2	769,096	657,351
Group 3	-	4,845
소계	18,550,341	17,366,105
연체 및 손상되지 아니한 매출채권 계	19,846,815	18,454,729

상환능력 우수, 최고-Aaa~Aa(Moody's), AAA~AA(S&P, Fitch) A1(국내신용평가사)
상환능력 양호-A(Moody's, S&P, Fitch), A2(국내신용평가사)
상환능력 적정-Baa(Moody's), BBB(S&P, Fitch), A3(국내신용평가사)
상환 가능-Ba 이하(Moody's), BB 이하(S&P, Fitch), B 이하(국내신용평가사)
Group 1-외부 신용등급이 없는 연결자회사
Group 2-자본잠식 경험 및 채무불이행 경험이 없는 일반고객
Group 3-자본잠식 경험 및 채무불이행 경험이 있으나 보험 및 담보가 설정되어 채무불이행 위험이
해소된 일반고객

주석의
공시 사항

현금의 유출입이 없는 투자활동 및 재무활동에 속하는 거래 중에서 중대한 거래는 주석에 공시해야 한다. 기본적으로 현금흐름표는 현금의 흐름을 나타내는 재무제표다. 따라서 원칙적으로 현금의 흐름이 발생하지 않는 형식적인 계정 대체거래는 나타내지 못한다. 그러나 당장 현금흐름이 발생하지 않아도 미래의 현금흐름에 영향을 주는 중대한 거래라면 명시하지 않더라도 주석을 통해 부연 설명을 하게 되어 있다. 이는 많은 이해관계자에게 매우 중요한 부분이다. 여기서 미래 현금흐름에 중대한 영향을 줄 수 있는 투자활동과 재무활동은 다음과 같다.

1. 무상증자, 무상감자, 주식배당
2. 전환사채의 전환
3. 현물출자로 인한 유형자산의 취득
4. 유형자산의 손상차손 사유
5. 장기연불구입 조건으로 매입한 유형자산

참고로 국제회계기준에서는 직접법으로 작성한 현금흐름표가 정보이용자에게 더 상세한 영업활동현금흐름에 대한 정보를 제공해주기 때문에 이를 강제하고 있다. 따라서 만약 간접법으로 현금흐름표를

작성했다면 주석으로라도 직접법으로 작성한 현금흐름표를 공시해야
한다.

3장

알수록
쓸모 있는
회계상식

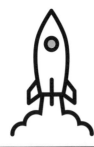

동물적인 감각과 도전정신만 있으면 성공하던 시절이 있었다. 그런데 이제는 갈수록 기술은 발전하고 시장은 복잡해지면서 경제세계에 적응하는 것 자체가 힘들어졌다. 철저하게 분석하고 사업하지 않으면 망하기 쉽다. 스타트업을 하는 경영자 대부분에게 가장 취약한 분야가 회계와 재무다. 핵심 아이디어와 기술에만 집중하고 회계는 아웃소싱을 주면 된다고 생각한다. 이런 마인드로는 크게 성장하기 힘들다.

사업자들이여, 회계하라

동물적인 감각과 도전정신만 있으면 성공하던 시절이 있었다. 그런데 이제는 갈수록 기술은 발전하고 시장은 복잡해지면서 경제세계에 적응하는 것 자체가 힘들어졌다. 철저하게 분석하고 사업하지 않으면 망하기 쉽다. 스타트업을 하는 경영자 대부분에게 가장 취약한 분야가 회계와 재무다. 핵심 아이디어와 기술에만 집중하고 회계는 아웃소싱을 주면 된다고 생각한다. 이런 마인드로는 크게 성장하기 힘들다. 분명 뒤통수 맞는 날이 올 것이다.

투자자들은 바보가 아니다. 대출을 받는 상황이 아닌 이상 회사가 정부지원이나 투자자를 통해 자금을 모집하려면 재무제표로 기업의 가능성을 호소해야 한다. 기업가의 화려한 이력도 물론 중요하지만 회사의 이력도 매력적이어야 한다. 회사가 일정 궤도에 오르고 나면 회사에 대한 성적표인 재무제표를 통해서 투자자에게 평가받게 되어 있다. 재무제표를 모르면 회계 지식으로 무장하고 있는 투자자들을 설득하지 못할 것이다.

한편 기업을 운영하는 측면에서도 회계 지식은 필수적이다. 사업을 하면 알게 모르게 돈 새는 구멍이 생기는데, 회계를 모르면 그냥 당할 수밖에 없다. 곳간에 쥐가 들어와서 곡식을 파먹고 있는데 집안 어른이 조치를 취하지 못하면 가장 구실을 할 수 있겠는가? 사업가는 밖에서 새는 바가지보다 안에서 새는 바가지를 더 무서워해야 한다. 우리 회사의 바가지가 새고 있는지 아닌지 파악할 수 있는 가장 빠른 길은 장부와 증빙을 들여다보는 것이다. 이때 회계 지식이 큰 역할을 한다.

거창하게 회계학 박사 수준의 지식을 요구하는 것은 아니다. 기초적인 지식만 갖춰도 된다. 장부가 어떻게 작성되고, 어떤 증빙이 필요하고, 어떤 재무제표 항목을 봐야 하는지만 알아도 충분하다. 그리고 회계용어 정도만 잘 알아두면 회의나 각종 모임에서 무식하다는 소리를 듣지 않을 것이다. 이 말을 부디 마음속 깊이 새기기 바란다.

"세금신고를 제대로 해서 세금을 줄이고,
내부적으로 새는 돈을 막기 위해서라도 회계공부를 꾸준히 해야 한다."

기업의 언어, 회계

우리가 언어를 통해서 대화를 하듯 기업 역시 이야기를 하기 위해 회계라는 언어를 쓴다. 기업은 그 자체로 추상적인 존재지만 매출액과 자산, 부채가 얼마인지 구체적인 금액을 통해 이야기하므로 이 숫자만 제대로 파악하면 회사의 규모를 가늠할 수 있다. 이처럼 기업을 가장 객관적으로 표현하는 것이 회계인 것이다.

일반적으로 사람들은 회계라고 하면 어렵고, 지루하고, 딱딱하다고 생각한다. 회계는 그 안에서 사용하는 용어도 생소할 뿐만 아니라 숫자와 표를 통해 정보를 전달하기에 복잡해 보이는 게 사실이다. 일반인이 거부감을 느낄 만하다. 그런데 우리가 일상에서 언어를 거치지 않고서는 대화가 되지 않듯이 기업을 제대로 알기 위해서는 반드시 회계를 거쳐야 한다. 주식 투자를 위해서, 기업을 경영하기 위해서, 업무계획을 세우기 위해서라도 회계는 필수적으로 사용해야 하는 도구다. 회계만큼 객관적인 전달수단이 없고, 회계만큼 효율적인 관리도구도 없다.

회계를 모른다는 건 자본주의 사회에서는 문맹으로 살아가는 것과 같다. 언제까지 자본주의의 노예가 될 것인가? 언제까지 남들이 숫자로 사기를 쳐도 모르고 속을 것인가? 평생 회계를 모른 채 앵무새처럼 반복된 거짓에 속아 넘어갈 것인가? 자본주의 경제체제 내에서 회계는 속고 살지 않기 위한 최소한의 보호막이다. 회계를 알면 기업이 전달하는 각종 정보를 해석할 수 있고, 기업이 어떤 활동을 하고 있는지, 어느 정도의 실적을 내고 있는지 알 수 있다. 그만큼 기업을 꿰뚫어 볼 수 있는 눈이 생기는 것이다.

일반적으로 회계는 경제주체(대표적으로 기업)의 거래를 장부에 기록하는 것이라고 볼 수 있다. 이는 부기(장부기장)라고 말하기도 한다. 그런데 좀 더 넓은 개념에서 회계는 단순한 기록을 뛰어넘는다. 회계는 큰 의미에서는 경영이다. 숫자를 가지고 의사결정을 하고 구체적인 기업의 행동을 이끌어내는 과학이자, 엄밀한 논리를 가지고 정보를 생산해내는 수학이다. 수학과 과학, 언어와 경영이 복합된 종합 예술인 것이다.

회계는 생산자와 이용자 사이의 중간 역할을 한다. 생산자는 회계 정보를 생산해내는 역할을 한다. 구체적으로는 거래를 기록하고 보기 좋게 표로 정리해서 재무제표라는 것을 만들어 공시한다. 여기서 공시란 기업의 외부에 있는 정보이용자를 위해서 재무제표를 공개한다는 뜻이다. 주권 시장에 상장된 법인의 경우에는 전자공시시스템을 통해서 공시한다.

어쨌든 회계는 생산자를 통해서 제구실을 한다. 이렇게 생산된 재무정보는 정보이용자를 통해서 활용되고 재창조된다. 보통 투자자는 회계정보를 이용해서 어떤 기업에 투자할지 의사결정을 한다. 재무제표를 보고 좋은 기업인지 나쁜 기업인지 판단해서 투자를 할지 말지 결정하는 것이다. 채권자는 기업에 빌려준 돈을 돌려받을 가능성을 따져보는 데 회계정보를 사용한다. 과세관청은 세금을 얼마나 걷어야 하는지 회계정보를 바탕으로 판단한다. 이렇게 다양한 정보이용자가 회계정보인 재무제표를 이용한다.

회계는 기업 활동을 숫자로 객관화해서 보여준다. 기업은 자금을 조달하고, 그 자금으로 건물도 짓고, 물건도 사서 팔고, 종업원도 고용하고, 기계를 취득해서 가동하고, 빚을 지기도 한다. 인간으로 치면 취업을 해서 돈을 벌고, 집을 사기 위해 대출을 받고, 재테크를 위해 투자하는 활동과 비슷하다. 기업의 이러한 활동은 고스란히 재무제표에 '계정과목'으로 표현된다. 뒤에서 구체적으로 설명하겠지만 계정과목을 설정하고 자유자재로 해석하는 것이 회계공부의 시작이라고 볼 수 있다.

회계의 분류

회계는 다양한 이해관계자에게 유용한 재무적 정보를 제공하고자 정보를 기록, 요약, 제공하는 것을 말한다. 정보이용자로는 주주, 채권자, 거래처, 과세관청, 내부경영자, 종업원 등이 있다. 이 중에서 기업 내부에 있는 내부경영자와 종업원을 내부정보이용자라고 하고, 나머지 기업 외부에 있는 자를 외부정보이용자라고 한다. 이것을 구분하는 이유는 이제부터 설명할 회계의 분류 때문이다.

주주와 채권자는 투자한 금액을 통한 배당금이나 이자를 제대로 받을 수 있는지, 받을 수 있다면 얼마나 받을 수 있는지에 관심이 있다. 이를 확인하기 위해서 재무정보를 이용할 것이다.

정보이용자의 구분

| 주주 | 채권자 | 거래처 | 과세관청 | 내부경영자 | 종업원 |

외부 ←→ 내부
기업을 기준

종업원은 회사의 이익이 얼마나 났는지에 따라서 보너스가 달라지기에 그 부분에 관심이 있다. 회사의 실적뿐만 아니라 지속적으로 성장할 수 있는 회사인지도 재무정보를 확인해 파악할 것이다. 이를 통해 고용안정성 등도 가늠해볼 수 있다.

내부경영자는 올해의 실적을 재무정보를 통해서 확인하고 내년의 계획을 세우는 데 활용한다. 재무정보를 통해서 성과를 분석하고, 이익에 기여를 많이 한 제품이나 부서를 파악해서 상을 주기도 하고, 손실을 발생시킨 원인을 분석해서 구조조정을 하기도 한다.

거래처는 회사의 재무정보를 보고 해당 회사의 신용도를 파악할 것이다. 현재 빚을 얼마나 지고 있는지, 매출은 잘 나오고 있는지 등을 파악한다. 또 제때 돈을 잘 갚는지도 확인할 것이다. 이는 재무정보를 해석하면 충분히 알 수 있는 정보다.

과세관청은 회사가 돈을 벌어들인 만큼 세금을 걷고자 한다. 세금이 누락되어 세수가 적게 걷히는 것이 가장 큰 위험이다. 그렇기 때문에 순이익이 적정한지를 세법의 눈으로 바라본다. 다른 정부 기관도 기업의 실적을 파악해 예산과 계획 설정에 참고하기도 한다.

이처럼 회계정보를 이용하는 정보이용자는 다양하다. 이런 이용자의 수요에 맞게 기업은 정보를 가공해서 제공해야 한다. 그렇기에 회계를 분류해야 하는 것이다.

회계의
세 가지 분류

회계는 세 가지로 분류할 수 있다. 정보이용자가 기업 외부에 있다면 재무회계, 기업 내부에 있다면 관리회계, 과세관청이라면 세무회계 이렇게 세 가지로 구분된다. 그렇다고 세 가지 회계가 다른 내용을 다루는 것은 아니다. 본질은 같은 기업의 같은 거래를 다룬다. 단, 다른 관점에서 다른 기준으로 정보를 가공할 뿐이다.

재무회계 vs. 관리회계 vs. 세무회계

구 분	재무회계	관리회계	세무회계
목적	외부 보고	내부 보고	세무신고
정보이용자	주주, 채권자 등 외부정보이용자	경영자 등 내부정보이용자	과세관청
작성 기준	기업회계기준	강제하는 기준 없음	세법의 규정
보고서 형식	재무제표	특정하지 않음	세무조정계산서

1. 재무회계

재무회계는 외부정보이용자에게 정보를 제공해야 하기 때문에 대충 작성해서는 안 된다. 외부정보이용자는 범위가 굉장히 넓어서 각자 이용하고자 하는 목적이 다르다. 그런 수요에 대응하기 위해 표준화되고 통일된 기준이 필요한데, 그 기준이 바로 기업회계기준이다.

최근 전 세계 회계를 통일시키자는 물결이 일어나기 시작해 어느 정도 그 기준이 통일되어 정착되고 있다. 국가 간의 투자와 거래가 활성화되고 주식 시장에도 국경이 사라지는 추세다. 우리나라 투자자가 해외 기업에 투자하기 쉬워졌으며, 외국인 투자자도 국내 주식 시장에 대규모 투자를 하고 있다. 이렇게 국경을 넘어 투자가 이뤄질 경우 공통된 기준으로 재무정보가 작성되어야 혼란이 없다. 그래서 자연스럽게 표준화된 기준으로 장부를 작성해서 공개하자는 움직임이 일어났고, 국제회계기준이라는 기업회계기준의 '국제적 통일의 버전'이 탄생했다. 이제 기업은 주식 시장에서 거래되기 위해 국제회계기준에 따라서 장부를 작성해야 한다.

2. 관리회계

관리회계는 재무회계와는 목적이 다르다. 재무회계와 달리 내부정보이용자를 위해 작성한다는 특징이 있다. 왜 내부경영자를 위한 회계정보를 따로 만들어야 하는 걸까? 경영자는 기업을 직접 경영하고 자신의 비전에 따라 움직이는 사람이다. 기업의 실적이 저조하면 사업을 개편하거나 실적을 높이기 위해서 영업활동을 촉진해야 한다.

그러기 위해 실적이 얼마나 났는지, 어느 부서가 실적에 기여했는지, 어떤 제품이 손익분기점을 넘어서 회사 이익에 기여하고 있는지 등을 따져볼 필요가 있다. 이것이 관리회계를 통해 경영자에게 맞춤형 재무정보를 제공하는 이유다.

관리회계는 경영자만 이용하는 특수한 회계이기에 굳이 통일된 기준이 있을 필요는 없다. 경영자가 이해하기 쉽고, 사업을 평가하고 제품을 평가하기 좋은 방식이면 어떤 기준도 허용된다. 심지어 표로 작성하지 않고 그래프나 그림으로 작성해서 정보를 제공해도 무방하다. 그래서 관리회계는 굉장히 유연하고 다양한 형태를 띤다.

3. 세무회계

마지막으로 세무회계는 기업이 작성한 재무회계의 정보를 바탕으로 과세관청의 입맛에 맞게 다시 정보를 가공하는 회계다. 재무회계는 기업의 이익을 과대하게 평가하는 것을 억제하는 '보수주의원칙'을 적용해서 정보를 가공하는 반면, 세무회계는 기업이 이익을 누락해서 세금을 적게 내는 것을 방지하기 위해 '순자산 증가설'이라는 무기를 가지고 기업을 감시한다.

세무회계는 기업으로부터 최대한 세금을 걷기 위해서 세법을 적용해 장부를 새롭게 만든다. 재무회계의 국세청 버전이라고 볼 수 있다. 과다하게 잡힌 비용은 세법의 기준을 들이대서 세무조정을 통해 없애버리고, 누락된 수익은 세법을 적용해서 다시 살리는 과정을 거친다. 이를 통해 세금을 적정하게 걷어갈 수 있는 것이다.

일상에서 회계의 필요성

현대사회에서 경제활동은 갈수록 복잡해지고 다양한 양상을 보이고 있다. 그렇기 때문에 돈의 흐름을 잘못 파악하면 이 복잡함 속에서 헤매거나 남들에게 속아 넘어갈 가능성이 커진다. 회계를 모르면 다양한 수입과 지출이 발생하는 상황에서 이 수입이 큰지 작은지, 이 지출이 제대로 된 지출인지 아닌지 판단할 수 없게 된다. 그야말로 '바보'가 되는 것이다.

우리는 알게 모르게 거대한 자본주의 시스템 안에서 경제주체로 살아가고 있다. 경제주체는 가계, 기업, 정부, 해외로 나눌 수 있는데 논의의 편의상 해외는 제외하겠다. 가계는 우리가 일상적으로 꾸리는

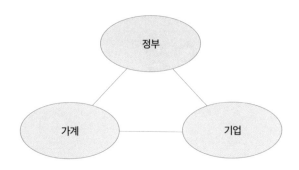

가족의 개념이라고 보면 된다. 가계는 월급이나 사업소득을 통해 수입원을 확보하고 의식주를 위해 지출을 한다. 그리고 그 지출은 고스란히 기업의 수입원이 된다. 기업은 벌어들인 수입에서 일정한 비용을 지출하고 순이익을 창출한다. 이 순이익을 통해서 정부는 세금을 걷어가고 국민들을 위한 공공서비스를 제공한다.

기업은 회계정보를 통해서 각종 의사결정을 하고, 그 의사결정은 고스란히 가계와 정부에 영향을 미친다. 기업의 의사결정은 가계에 흘러들어가는 소득의 크기를 결정할 수도 있고, 정부로 흘러들어가는 세금의 액수를 결정할 수도 있다. 그만큼 회계를 알아야 돈의 흐름을 정확하게 파악할 수 있다는 의미다.

주식이나 부동산 투자자의 입장에서도 회계정보는 중요하다. 주식은 기업의 재산 상태와 실적에 따라서 가격이 결정된다. 주가는 기업의 회계적 상태를 반영하므로, 회계를 모르고 주식 투자를 한다는 것은 아무 생각 없이 돈을 기업에 바치는 것과 다르지 않다. 부동산 투자자도 임대사업을 하면 그 손익을 회계를 통해서 계산해봐야 한다. 특히 부동산을 사고팔 때는 세금이 중요한 문제가 된다. 주식과 부동산 모두 회계 지식을 필요로 한다. 회계를 모르고 투자를 하면 손해를 봐도 모르게 되는 것이다.

직장인은 어떨까? 직장인에게도 회계는 필요하다. 직장에서 이뤄지는 대부분의 사업은 기업의 의사결정의 결과다. 기업의 의사결정은 궁극적으로 관리회계를 거쳐서 이뤄지므로, 기업의 의사결정 논리를 모르고서 시키는 일만 하는 것은 노예와 다를 바 없다. 임원이 되거나 중간관리자가 될 생각이라면 미리 의사결정의 메커니즘에 익숙해질 필요가 있다.

회계란 쉽게 말해 돈의 생리를 가장 잘 이해하기 위해 필요한 지식이다. 결국 생존을 위해서라도 회계를 배워야 하는 시대가 온 것이다. 자본주의에서 돈 없이 살아남기란 힘들다. 지금이라도 진지하게 회계를 바라봐야 하는 이유다.

회계를
잘하려면

간혹 회계 강의만 들으면 저절로 회계를 잘할 수 있고 어떤 투자나 경영에도 적용할 수 있을 것이라고 착각을 하는 경우가 있다. 마치 회계가 수학처럼 공식으로 이뤄져 있기에 공식만 암기하면 모든 문제를 잘 풀 수 있다는 사고방식과 같다. 이러한 생각은 큰 오산이다.

물론 회계가 작성 기준인 기업회계기준이나 관리회계적 기법에서 시작하는 것은 맞다. 분명한 논리와 원칙도 존재한다. 그것을 부정하지는 못한다. 그런데 영어 문법을 안다고 해서 영어를 잘하는 것은 아니지 않은가? 문법은 사후 분석을 하는 데는 유용하지만 유창하게 영어를 사용하는 데는 오히려 걸림돌이 되기도 한다. 회계도 마찬가지다. 지나치게 규칙에만 얽매여서 정작 필요한 목적에 활용하지 못하는 경우를 경계해야 한다.

이 책을 통해 정확한 회계규칙과 방법을 상세하게 소개하겠지만 이것만 믿고 다양한 경제현상을 스스로 해석하는 데 소홀해진다면 반쪽짜리 공부밖에 되지 않을 것이다. 운전면허시험을 볼 때 이론에만 빠삭해봤자 실제 도로주행을 하지 못하면 떨어지는 것과 같다. 회계공부는 자주 보고 내 것으로 체화하는 것이 가장 좋은 방법이다. 예를 들어 당신이 투자자라면 금융감독원 전자공시시스템에 수시로 들어가서 삼성전자, 포스코 등 대표적인 기업의 재무제표를 자주 찾아보고, 어떤 계정과목이 얼마의 금액으로 되어 있는지 관련 내용을 스스로 해석해볼 필요가 있다. 또 주석의 설명을 통해 재무제표에 나온 금액이 어떤 의미를 가지는지 해석한다면 회계내공은 급상승할 것이다.

뉴스에 자주 나오는 분식회계 사건이나 연말정산, 세금 이슈, 경영 사례 등을 보면서 여기서 배운 회계 지식을 동원해 나름대로 해석하고 설명해보려고 애쓴다면 당신도 1년 안에 전문가가 될 수 있다고 확신한다. 기업의 현상을 이해하고 해석하고 설명할 수 있다면 그것이 진짜 전문가 아닐까? 회계공부를 시작했으니 이제 회계적으로 사고하는 습관을 들여보자.

우리가 잘 몰랐던
회계의 역사

복식부기 원리와 회계장부는 중세 유럽 지중해에 기원을 두고 있다. 당시 지중해는 활발한 무역으로 경제를 발전시켰다. 이탈리아 반도를 둘러싼 도시국가들은 무역에 적극적으로 도전했고, 유럽과 아시아를 잇는 무역로가 확장되는 데 기여했다. 이때 상인계급이 성장하면서 부의 중심이 귀족계층에서 상인계층으로 이동했다. 무역로의 확대로 자연스럽게 고도로 복잡한 상업 거래가 활발히 이뤄졌고, 필연적으로 여러 제도와 규칙을 탄생시켰다. 이 시기에 탄생한 것이 복식부기 원리다.

초기 회계장부는 일기 형식이었지만 이후 채권과 채무 관계를 양쪽으로 나눠 정확하게 기록하고 관리하는 형식으로 발전한다. 지금으로 치면 자산과 부채를 나눠 적는 복식부기와 유사하다. 권리의무를 분명하게 기록해서 분쟁을 최소화하기 위한 노력이었다. 철저히 관리하지 않으면 목숨을 건 싸움이 이어졌을 테니까.

체계적으로 발전한 '자산-부채=자본'이라는 회계등식은 괴테의 찬사를 받을 정도로 당대에는 최고의 발명품이었다. 이 회계등식 하나로 장부기록이 효율적으로 이뤄졌고 상업의 안전한 발달이 촉진되었다.

역사가 만든
악마의 심판자

역사적으로 주식 투자는 사람들의 광적인 심리를 자극했고, 수많은 사람이 미치광이 혹은 패자로 변모했다. 우리가 잘 아는 대공황 시절 가장 위대한 경제학자 케인스 역시 주식 투자를 통해 상당한 부자가 되었다. 반면 위대한 물리학자 중 한 명으로 기억되는 뉴턴은 주식 투자로 큰 돈을 잃었다. 그는 "천체의 움직임은 계산할 수 있어도 인간의 광기는 도저히 계산할 수 없다"는 말을 남긴 것으로 유명하다. 그런데 당시 투자로 손실을 맛본 사람들 대부분은 영국 정부의 회계 부정과 사기 행각에 놀아난 것이었다.

당시 영국 정부는 어마어마한 빚을 지고 있었다. 영국은 식민지

경영을 위해 동인도회사와 같은 기업을 만들고, 여러 비용을 충당하기 위해 무자비한 전쟁을 일삼았다. 식민지 지배를 통해서 벌어들인 이득은 거의 전부 자금을 빌려준 자본가에게 배당으로 나갔고, 손실은 이 사실을 모르는 일반 투자자나 식민 지배를 당하는 사람의 몫이었다.

18세기 초 남해회사의 적자를 매우기 위해 영국 정부는 분식회계와 주가 조작을 감행한다. 실제로는 쓰레기만도 못한 적자 기업인데 정부가 보증하는 유망주라는 작전을 펼친 것이다. 이렇게 주가는 10배나 뛰었고, 나중에 이 기업의 실체가 드러나자 주가는 다시 1/10로 폭락했다. 이 과정에서 수많은 개미 투자자는 파산을 경험하고 인생의 패자가 되어야 했다. 분노한 시민들은 봉기를 일으키려고 했는데, 이를 막기 위해 뒤늦게 만든 것이 회계감사제도와 공인회계사였다. 이후 공인회계사는 수많은 회계 부정을 잡아내고 역사의 단두대 위에서 부실 기업의 사기 행각을 처벌하는 악마의 심판자 역할을 톡톡히 한다.

회계를 통한
지배의 역사

제이컵 솔의 『회계는 어떻게 역사를 지배해왔는가』에 따르면 역사적으로 지배계층은 회계를 통해 노예와 식민지를 통치하고 다스렸다고 한다. 회계는 다른 무엇보다 가장 효과적이고 확실한 통치 수단이자 객관적인 의사결정 수단임에 틀림없다. 특히 회계장부에 의존한 식민지 개척사업의 일화는 회계가 가장 신뢰할 수 있는 수단임을 여실히 보여준다.

책을 보면 미국을 건국한 사람들도 회계 원리를 활용했다고 한다. 프랑스 왕실 재정을 폭로한 네케르 보고서는 프랑스 혁명의 중요한 역할을 했다. 이는 미국 헌법 입안자들에게도 영향을 미쳤는데, 그들은 프랑스의 사례를 본받아 회계 원리를 기초로 정부를 구성했다. 된다. 미국은 헌법보다 회계의 논리가 지배하는 국가였던 것이다. 미국은 식민지를 경영할 때 모든 약정을 회계장부에 기록하고 회계적으로 관리했다. 미국의 헌법은 어찌 보면 형식에 불과했고 실질적인 지배는 회계의 논리로 이뤄진 것이다. 회계의 영향력은 소름 끼칠 정도로 지배적이었다.

회계에 매료된 벤자민 프랭클린의 일화는 더 충격적이다. 사회학자 막스 베버는 벤자민 프랭클린을 '프로테스탄트 윤리와 자본주의 정신의 상징'이라고 묘사했다. 실제로 회계는 프랭클린의 인생에 절대적인 영향력을 끼쳤다. 그는 기업, 영국 식민지에서 일을 할 때도 장부를 기록하고 관리했다. 그가 전파한 프로테스탄트 윤리는 회계에 기반해 구성되었고 전파되었다. 또한 그는 우체국에 회계 시스템을 도입하는 등 실용주의적인 면모를 보인 것으로 유명하다. 이렇게 회계는 경제와 관련된 역사에서 핵심을 이루고 있다.

국제회계기준의
탄생

국제회계기준! 이름만 들어도 글로벌한 느낌이 난다. 앞서 기업회계기준을 회계를 작성하는 규칙이라고 소개했는데, 기업회계기준 중에서도 국제적인 통일성을 위해 특별히 탄생한 것이 바로 '국제회계기준'이다. 요즘에는 대부분의 국가에서 국제회계기준을 표준으로 삼고 있다. 물론 미국은 여전히 미국회계기준(US-GAAP)이 더 우월하다고 생각하는 것 같지만, 미국 역시 회계기준 국제화의 물결에서 벗어날 수 없다고 생각한다.

국제회계기준은 영국에 본사를 두고 있는 국제회계기준위원회가 국제적으로 사용될 수 있는 기업의 언어인 회계문법을 일치시키기 위해 제안한 표준화된 회계처리 기준이다. 전 세계적으로 국경 없이 거래가 왕성하게 이뤄지고 있고, 국가 간의 투자자금 이동도 활발하게 이뤄지고 있는 작금의 상황에서 회계기준이 다르면 어떤 일이 벌어질까? A국가에 투자할 때는 A기준에 맞춰 보고서가 나오고, B국가에 투자할 때는 B기준에 맞춰 보고서가 나온다면 투자자는 굉장히 혼란스러울 것이다. 국가별로 회계기준이 다르면 회계 번역에 들어가는 비용도 엄청날 것이고 투자를 활성화하기도 어려울 것이다.

이런 문제점을 해결하기 위해서 탄생한 것이 국제회계기준이다. 국제회계기준은 모든 국가의 회계처리 방식을 통일시키기 때문에 투자자가 어떤 나라의 기업에 투자를 하더라도 일관된 기준으로 의사결정을 할 수 있다. 또한 기업도 다른 나라에 진출할 때 재무제표를 변환할 필요 없이 국제회계기준으로 작성한 하나의 재무제표만 사용함으로써 해외 진출에 따른 비용을 절감할 수 있다.

국제회계기준은 국제적인 통일성을 강조하면서도 재무정보가 기업의 현실을 가장 잘 반영하도록 몇 가지 특징을 보이고 있다. 정보이용자의 의사결정을 확실하게 돕고자 하는 의도가 엿보인다. 특징을 살펴보면 다음과 같다.

1. 원칙 중심의 회계기준

우리나라가 기존에 채택한 일반기업회계기준(K-GAAP)은 철저하게 규칙 중심의 회계기준이었다. 그러나 규칙 중심의 회계처리를 할 경우 국가별로 전문가의 판단과 재량을 존중해줄 수 없게 된다. 국가마다 관행과 문화가 다르기에 같은 사건도 회계처리가 미묘하게 다를 수 있다. 이런 상황에서 규칙 중심의 회계처리 기준을 들이댈 경우 그 규칙대로만 재무제표를 작성해야 하므로 예외를 허용하지 않게 되어 저항이 생길 수 있다. 그리고 회계기준에 조금이라도 맞지 않으면 회계감사를 통해 불이익을 받을 수 있다. 이런 엄격한 규칙 중심의 회계기준에서 벗어나 '원칙 중심'으로 회계기준을 만들면서 기업과 전문가의 재량을 대폭 인정하게 되었다. 일정한 원칙만 지키면 용인되는 회계처리 방식을 선택할 수 있게 해주면서 보다 유연한 회계관행을 만들고 있는 것이다.

2. 공정가치의 적용을 확대

국제회계기준은 기존의 일반기업회계기준에 비해 공정가치평가를 확대했다. 공정가치란 역사적 원가(원래 구입했을 때의 가격)와 대비되는 개념으로, 현재 시장에서 거래되는 합리적인 가격이라고 볼 수 있다. 국제회계기준에서는 일정 요건을 만족하면 공정가치평가를 강제하거나 기업에게 유리하면 공정가치로 표시하는 것을 허용하는 옵션을 두고 있다. 기존의 역사적 원가로 기록하면 오래된 과거의 가격이 재무제표에 표시되어 기업의 현실을 반영하지 못하고 의사결정을 방해할 우려가 있기 때문이다.

3. 연결재무제표 중심으로 회계기준을 개편

국제회계기준은 지배회사와 종속회사의 관계에 있는 기업 간에는 재무제표를 하나로 합쳐서 연결재무제표를 작성해 공시하도록 강제하고 있다. 실제로는 2개 회사지만 알고 보면 경제적으로 하나의 회사로 볼 수 있는 경우 실질에 맞는 회계처리를 통해 각종 왜곡된 표시를 방지하기 위함이다. 예를 들어 A회사가 B회사의 주식을 50% 이상 취득해서 보유할 경우 A회사는 B회사의 의결권을 장악해서 실질적으로 지배하게 된다. 이때 A회사는 B회사의 모회사라고 볼 수 있고, 두 기업은 사실상 하나처럼 행동하게 된다. 이 경우 재무제표 역시 하나로 작성해 공시해야 두 회사 간의 내부거래로 실적을 부풀리는 등 여러 부정행위를 방지할 수 있다.

만능 공식,
회계등식

회계는 차변의 금액과 대변의 금액이 일치해야 한다는 대원칙 때문에 회계등식의 지배를 받는다. 기업은 두 가지 측면을 갖고 있다. 하나는 밝고 밝은 플러스(+)의 세상과 다른 하나는 어둡고 어두운 마이너스(-)의 세상이다. 우리의 삶도 앞과 뒤가 다르듯이 기업도 앞과 뒤가 다르다. 그러나 자세히 따지고 보면 앞과 뒤는 하나로 연결되어 있다. 앞으로 먹은 것이 그대로 뒤로 빠져 나오기 때문이다. 인간이든 기업이든 앞으로 뭔가를 먹으면 뒤에서 똥으로 나오게 되어 있다. 그것이 대변이냐, 소변이냐의 차이만 있을 뿐이다.

회계등식의 이해

회계를 지배하는 회계등식은 다음과 같다.

자산 = 부채 + 자본

플러스(+)=마이너스(-)

자산은 회계에서는 '미래경제적효익의 유입'이라고 표현하고, 법적으로는 권리라는 이름으로 사용된다. 자산은 우리가 흔히 알고 있는 현금, 유가증권, 건물, 상품, 기계장치, 특허권 등이다. 그런데 자산은 왜 미래경제적효익의 유입이라고 불릴까? 예를 들어 기업은 건물을 사용한다. 건물은 자산이다. 건물을 이용해서 임대를 주고 월세를 받으면 매월 월세라는 경제적인 이득이 기업으로 유입된다. 그렇기에 자산은 미래경제적효익의 유입인 것이다. 다른 예로는 상품을 들 수 있다. 기업은 상품을 팔아서 돈을 번다. 이때 버는 돈은 매출액이라는 명칭으로 기록되는데 어쨌든 돈은 경제적인 이득이다. 그렇기에 미래경제적효익이 유입된다고 해도 맞는 말이다.

이처럼 자산은 기업 입장에서는 플러스(+)의 세상이다. 기업은 자산을 통해서 돈을 벌어들이고 외형을 키워나간다. 돈이 돈을 버는 세상이기에 현금은 더 큰 현금을 벌어준다. 건물은 기업에게 월세를 주거나, 기업이 직접 사용해서 더 큰 가치를 창출하도록 도와준다. 상품은 자신의 한 몸을 불살라 매출액을 안겨준다. 유가증권인 주식 등은 배당금이나 이자수익을 안겨준다. 이 모두가 플러스 요인이다.

반대로 부채와 자본은 마이너스 요소다. 부채는 회계적으로 '미래경제적효익의 유출'을 의미하고, 법률적으로 '의무'라는 말로 사용된다. 이는 직관적으로도 이해가 쉽다. 부채는 다른 말로 빚이다. 기업에게 빚은 언젠가는 강제로 자산을 갉아먹는 존재다. 예를 들어 부채 중에 대표적인 것이 사채다. 사채는 회사채의 다른 말로 일반인에게는 사채라는 증서를 써주고 매기 이자와 만기에 원금을 갚는 조건으로 돈을 빌린 것과 같다. 그래서 사채를 쓰면 매기 정해진 기간에 이자비용으로 돈이 유출된다. 그리고 만기에 원금을 갚으려면 또 현금이 유출될 수밖에 없다. 이는 미래경제적효익인 현금의 유출임에 틀림없다.

그렇다면 왜 자본은 마이너스의 세계에 있는 걸까? 자본은 주주의 몫이다. 자본의 정확한 정의는 '자산-부채'인 순자산이다. 부채를 갚고 남은 기업의 재산은 모두 주주의 것이다. 주주는 기업 입장에서는 주인이자 남은 재산을 독식하는 존재다. 어찌 보면 기업은 주주의 노예라고 볼 수 있다. 주주에게 귀속되는 자본은 언젠가는 주주에게 배당을 통해 유출되거나 청산 후에 잔여재산 분배를 통해 유출될 것이 분명하다. 천년만년 살아남는 기업은 없기 때문이다. 이처럼 플러스(+)의 세계에 사는 자산은 결국 마이너스(-) 세계에 사는 부채와 자본에 의해 없어질 존재다. 이를 보여주는 것이 회계등식인 것이다.

혈액순환과 같은
회계의 순환과정

인간은 태어나서 기어다니다가 걷기 시작하고, 청소년기를 거쳐 성인이 되고, 이후 노년기를 맞아 사망하기까지 성장 과정을 거친다. 이처럼 회계도 회계의 순환과정을 거쳐 결과물인 재무제표가 탄생한다.

회계의 순환과정은 회계기록의 대상이라고 할 수 있는 회계상 거래를 식별해 장부상에 기록하고, 이를 요약해서 재무제표를 작성하기까지의 일련의 과정을 의미한다. 1년간 회계상 거래를 분개하고 원장에 전기했다면 회계기간 말에 결산 절차를 수행해야 한다. 여기서 결산이란 회계연도 말에 회사의 자산, 부채 자본의 재무상태를 확인

하고, 그 기간에 생긴 순이익(손실)을 명확하게 계산하기 위해 장부를
마감하고 재무제표를 작성하는 과정을 말한다.

회계의
순환과정

각 단계를 세분화하면 회계의 순환과정은 회계상 거래를 파악하
고, 분개를 하고, 원장에 전기하고, 시산표를 작성하고, 실물을 확인
하고, 결산 마무리 작업을 수행한다. 마지막으로 재무제표를 작성한
다. 구체적으로 설명하면 다음과 같다.

회계의 순환과정

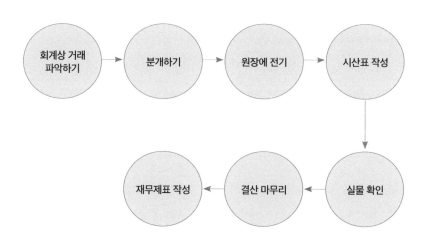

1. 회계상 거래 파악하기

회계상 거래는 일반 거래와 어떤 차이가 있을까? 일상에서 일어나는 모든 사건이 일반적인 '거래'라고 볼 수 있다. 예를 들어 아침에 어머니가 아침밥을 준비해주신다고 가정해보자. 미리 어머니가 밥을 차려주겠다는 약속을 한 것인데, 이것도 일종의 거래라고 할 수 있다. 사업 관계에서도 수많은 사건이 일반 거래의 범주에 포함된다. 거래처와 만나서 거래를 약속하는 것도 거래고, 계약서를 작성해서 주고받는 것도 거래다. 내일 점심을 먹자고 약속하는 것도 거래고, 종업원을 고용하기로 한 사실 자체도 거래다. 이렇게 수많은 거래 중에서 회계상 거래가 따로 구분된다.

회계상 거래가 되기 위해서는 일정한 요건을 만족해야 한다. 우선 자산, 부채, 자본의 증가 혹은 감소를 초래해야 회계상 거래다. 기업이 종업원을 고용하기로 계약서만 작성한 사실은 어떠한 자산, 부채, 자본에 영향을 주지 않는다. 따라서 이것은 회계상 거래가 아니다. 또한 거래처와 물건을 납품하기로 계약서를 작성한 것도 당장 어떤 자산, 부채, 자본의 변동도 없기 때문에 회계상 거래가 아닌 것이다.

금액이 확실하게 나와야 기록할 수 있는 회계상 거래다. 가령 물건을 외상으로 납품하고 매출채권을 장부에 기록했다고 치자. 이는 매출액을 장부에 기록할 수 있는 회계상 거래가 맞다. 그러나 반품 가능성을 확실히 알 수 없는 반품 가능 조건의 거래를 했다고 가정해보자. 그럼 반품될 확률에 따라서 반품충당부채를 설정하고 수익을 낮게 잡아야 한다. 그러나 반품금액을 확실하게 예상할 수 없는 경우라면 거래상 매출액을 기록해서는 안 된다.

모든 거래를 기록하는 것이 회계가 아니다. 회계는 객관적으로 금액을 파악할 수 있고, 계정의 변화를 가져오는 거래만을 기록할 거래로 인정한다. 이 논리를 잘 파악해야 회계를 정확하게 이해할 수 있다. 즉 회계상 거래란 모든 거래 중에서 자산, 부채, 자본의 변동을 수반하면서 금액을 확정할 수 있는 거래를 말한다. 이러한 거래를 빠짐없이 파악해서 기록하는 것이 회계담당자의 역할이다. 장부에 자산, 부채, 자본, 수익, 비용에 영향을 주는 모든 거래를 추적하고 증빙을 근거로 수집해둘 필요가 있는 것이다.

2. 분개하기

회계상 거래를 파악했다면 그 거래를 차변과 대변에 나눠 분개를 해야 한다. 분개는 일반적으로 전표를 통해서 이뤄지며 이를 분개장이라고도 한다. 예를 들어 사장님이 거래처 직원을 접대하기 위해서 100만 원을 썼다고 가정하자. 그럼 이는 자산의 감소를 일으키며 금액도 확실한 회계상 거래다. 이런 거래는 차변에 비용 발생인 '접대비'를 기록하고, 대변에 자산 감소인 '현금'을 기록하는 분개를 해야 한다.

(차변) 접대비 100만 원	(대변) 현금 100만 원

3. 원장에 전기

분개한 것을 원장에 옮겨 적는 것을 '전기'라고 한다. 원장은 다른 말로 'T계정'이라고도 하는데, 이는 계정과목별로 설정한다. 원장인 T계정은 차변과 대변에 각각 대응되는 계정을 적고 금액을 기록한다. 그리고 남는 잔액은 나중에 시산표로 보내면 된다. 앞의 접대비 지출의 사례를 원장에 전기하면 다음과 같다.

접대비	
현금 100만 원	-

현금	
기초 500만 원	접대비 100만 원

나중에 접대비 잔액 100만 원은 시산표의 차변에 접대비 항목으로 보내서 집계하고, 현금 잔액 400만 원은 시산표의 차변에 현금 항목으로 집계한다.

4. 시산표 작성

아무리 꼼꼼한 사람도 실수를 하게 마련이다. 이러한 실수를 파악하고 바로잡도록 도와주는 것이 바로 '시산표'다. 계정과목마다 차변과 대변의 금액이 남아 있고 그 합계를 구해서 적으면 합계잔액시산표가 된다. 자산, 부채, 자본, 수익, 비용의 계정과목별로 차변과 대변에 금액을 적어서 합계를 내면 대차평균의 원리에 따라 양쪽 금액이 일치해야 하는데, 만약 일치하지 않을 시 오류를 찾아내기 위해서 고안된 수단이다.

시산표 양식

잔액	누계	월계	이월	계정과목	이월	월계	누계	잔액
100	150	50	150	(유동자산)	300	100	150	50
				현금				
				당좌예금				
				보통예금				
				정기예금				
				정기 적립금				
				받을 어음				
				외상매출금				
				상품				
				제품				
				반제품				
				재료·부품				
				대여금				
				공과금				
				선지급금				
				(고정자산)				
				장치·장식				
				집기·비품				
				차량운반구				
				철형				
				전화 가입비				
				출자금				
				보증금				
				임원보험				
100	150	50	150	〈자산 합계〉	300	100	150	50
				(유동부채)				
				지급어음				
				외상매입금				

5. 실물 확인

양쪽의 금액이 일치하면 누락된 거래가 없는 이상 큰 오류는 없는 것이다. 이제 결산으로 가기 전에 장부상에 있는 계정과목이 실제로 존재하는지 확인해야 한다. 재고자산이나 유형자산의 실물을 보고 파손이나 부패된 것이 있으면 일정 감액이 필요하다. 그리고 현금 및 현금성자산은 은행의 통장 잔액을 확인해서 일치하는지 확인할 필요가 있다. 유가증권은 분실되지 않았는지 확인해봐야 한다.

6. 결산 마무리

계정과목별로 실물과 일치하는지까지 확인했다면 이제 결산 마무리 단계로 돌입하면 된다. 가수금, 가지급금 등 가계정(임시 계정)을 없애고 본 계정으로 대체해야 한다. 보통 가수금은 잡수익으로 바뀔 수 있고, 가지급금은 대여금이나 잡비 등으로 바뀔 가능성이 크다. 그리고 인위적으로 설정하는 비용인 감가상각비를 설정하는 등 자산 중에 비용화해야 하는 것을 비용으로 만든다.

7. 재무제표 작성

이제 결산 마무리 단계를 통해 빠짐없이 자산, 부채, 자본, 수익, 비용을 모두 검토했다. 자산, 부채, 자본을 종합해 '재무상태표'를 작성하고, 수익과 비용을 종합해 '손익계산서'를 작성한다. 그리고 자본의 변동내역을 종합해 '자본변동표'를 작성하고, 현금흐름을 별도로 파악해 '현금흐름표'를 작성한다.

부기와 기장, 전표란 무엇인가?

부기(Book-keeping)와 기장, 전표는 사업이나 직장생활을 해본 사람이라면 누구나 들어봤을 용어다. 그러나 대부분 정확하게 설명하지 못하는 것이 현실이다. 부기와 기장은 아주 간단하게는 장부에 기록한다는 의미이고, 협의의 의미에서는 회계사무소에서 세무신고를 하는 것까지 포함한 의미로 사용한다. 필자도 이안택스를 개업했을 때 기장을 한다고 하면 장부 작성부터 세금신고까지 대행해주는 서비스를 총칭했다. 그리고 전표는 회계상 거래를 유형별로 기록하고 관리하기 위해 활용하는 서식을 말한다.

부기와 기장
이해하기

부기에는 단식부기와 복식부기가 있다. 단식부기는 가계부를 쓰듯 거래를 기록하는 것이고, 복식부기는 차변과 대변을 나눠 체계적으로 거래를 기록하는 것이다. 보통 단식부기는 수입과 지출 항목으로 나눠서 플러스(+)와 마이너스(-)로 모든 것을 설명한다. 복식부기는 앞에서 설명한 회계의 순환과정을 거쳐 재무제표가 탄생하기까지 다소 복잡한 과정을 거치게 된다.

부기와 기장의 대상은 회계상 거래다. 앞서 우리는 분개가 차변과 대변으로 나눠 기록하는 것이라고 배웠다. 이렇게 분개를 하는 것이 복식부기에서의 기장이다. 이는 거래의 8요소를 바탕으로 기록하게 된다. 거래의 8요소란 자산의 증가, 자산의 감소, 부채의 증가, 부채의 감소, 자본의 증가, 자본의 감소, 수익의 발생, 비용의 발생 총 여덟 가지를 의미한다.

전표
이해하기

전표란 기업의 회계상 거래가 발생한 내역을 장부에 기록해 증거로 보관하기 위한 표를 말한다. 전표를 통해 거래가 발행한 것을 확인하고, 관련 부서나 타인에게 전달하기 위해 작성하고, 회계상 거래가 발생한 것을 계정과목마다 구체적으로 기록한다.

전표는 거래내역마다 구분해서 작성한다. 또한 입금전표, 출금전표, 대체전표, 분개전표 등 종류별로 구분해서 작성한다. 전표는 기업의 내부 결재와 재정적인 통제를 목적으로 기록하고 나중에 결산이나 예산 집행을 위한 기초자료로 활용한다.

전표는 내부에서 관리목적으로만 작성하기 때문에 외부에 공표하는 재무제표와 달리 강제적인 기준이 있는 것은 아니다. 단, 기업이 사용하는 데 편리한 표준 양식은 존재하고, 업무의 효율화를 도와주는 전산프로그램도 많이 개발되고 있다.

1. 입금전표

입금전표란 현금이 기업으로 유입되는 거래에 사용하는 현금전표다. 출금 거래에 대해서 작성하는 출금전표와 반대되는 서식이라고 생각하면 이해가 쉽다. 입금전표에는 항상 차변에 있는 현금에 대응하는 대변의 계정과목을 기록한다. 만약 차변에 대응되는 대변 계정과목이 여러 개라면 각각 계정과목별로 전표를 발행하는 것이 원칙이다.

2. 출금전표

출금전표란 현금이 유출되는 거래에 사용되는 현금전표다. 입금 거래에 대해 작성되는 입금전표와는 반대되는 서식이라고 보면 이해가 쉽다. 출금전표는 대변에 기록되는 현금에 대응되는 차변의 계정 과목을 기록한다. 만약 대변에 대응하는 차변 계정과목이 여러 개라 면 각 계정과목별로 전표를 여러 장 발행해야 한다.

3. 대체전표

대체전표는 기업의 회계상 거래가 발생한 내역 중에서 현금의 수 입과 지출이 없는 비 현금거래를 기록하는 전표다. 대체거래는 전부 대체거래와 일부대체거래로 구분된다. 전부대체거래는 분개 그대로 기록하고, 일부대체거래 중 일부입금대체거래의 현금거래는 입금전 표로, 일부출금대체거래의 현금거래는 출금전표로, 대체거래는 대체 전표에 기재한다.

참고로 전표를 작성하는 방법은 다음과 같다.

1. 전표 작성은 거래가 발생한 날짜로 '전표작성일자'에 기입한다.
2. 차변과 대변에 구체적인 계정과목을 기입한다.
3. 거래내역은 구체적으로 기록한다.
4. 출납과 거래의 내용을 분명하게 기록해서 책임 소재를 분명히 한다.
5. 결재란을 통해서 거래 자체를 보고하고 책임 소재를 분명히 한다.

회계감사란 무엇인가?

회계감사는 내부감사와 외부감사로 나뉜다. 내부감사는 기업 내부의 별도 감사팀이나 내부 감사인이 위험요소를 모니터링하고 자체적으로 규정에 맞게 검토하는 것을 의미한다. 내부감사는 내부자들에 의해서 이뤄지므로 객관성이 떨어질 수 있다. 한편 외부감사는 우리가 흔히 접하는 '회계감사'라고 할 수 있다. 국가로부터 권한을 부여받은 공인회계사에 의해서 기업의 재무제표가 적정하게 작성되었는지를 감시받는 것을 의미한다. 외부감사는 기업회계기준과 주식회사 등의 외부감사에 관한 법률, 국제감사기준 등 법과 규정에 따라 엄격하게 이뤄진다.

분식회계의 감시자,
공인회계사

옛날에는 공인회계사가 감사 대상 기업과 내통해 부정한 회계처리를 눈감아 주거나 함께 공모해 회계 부정을 저지르기도 했다. 하지만 지금은 감독도 살벌하고 법규도 엄격해 불가능에 가깝다. 분식회계를 회계사가 눈감아 주면 대우그룹 사태로 인한 산동회계법인의 몰락, 미국의 엔론 사태에 의한 아서 앤더슨의 몰락처럼 회계법인 자체가 무너질 수도 있다. 당연히 해당 기업을 감사한 회계사들은 엄청난 벌금을 물거나 구속되기도 한다. 가끔 이렇게 손실을 보게 된 주주가 조직폭력배인 경우도 있는데, 쥐도 새도 모르게 회계사를 납치해 해를 끼칠지도 모를 일이다.

요즘에는 회계감사를 잘못한 회계사는 재기가 불가능하다는 말이 돌 정도로 회계감사는 엄격한 영역으로 발전하고 있다. 이는 기업의 부정을 감시해야 할 회계사들의 어깨가 더 무거워졌음을 의미한다.

재무제표에 대한
의견 제시

회계감사는 공인회계사(회계법인)가 기업의 재무제표가 기업회계기준(상장기업의 경우 국제회계기준)에 따라서 적정하게 작성되었는지를 검토해 감사의견을 제시하는 것으로 마무리된다. 공인회계사는 기업의 재무제표를 감사하고 적정의견, 한정의견, 부적정의견, 의견거절 등을 표명한다. 이것이 감사의견이다.

1. 적정의견

적정의견은 공인회계사인 감사인이 감사 범위에 제한을 받지 않고 회계감사기준에 의거해 감사를 한 결과, 해당 기업의 재무제표가 기업회계기준에 따라 적정하게 작성해 신뢰할 수 있다는 것을 밝힌 것이다.

실무적으로 우리나라 상장기업의 재무제표를 감사한 결과인 감사보고서를 보면 90% 이상이 적정의견이다. 공인회계사가 적정의견 외에 다른 의견을 주기란 정말 쉽지 않다. 다른 의견을 받은 기업은 상장폐지 절차를 밟거나 다른 불이익을 입기 때문이다. 만약 억울하게 상장폐지 절차를 밟고 주식이 휴지조각이 된다면 주주들은 회계법인으로 몰려와 공인회계사의 멱살을 잡을 것이다.

적정의견은 감사인이 보기에 기업의 재무제표를 감사하는 과정에서 요구하는 자료를 성실하게 제공해 감사에 지장이 없었고, 재무제표도 국제회계기준에 맞게 잘 작성되어 있다면 내려지는 의견이다. 주의해야 할 점은 적정의견이 나왔다고 해서 우량한 기업임을 보장하는 것은 아니며, 재무제표를 잘 작성했다고 부정이나 분식회계가 전혀 없다는 것을 보장할 수도 없다는 사실이다.

2. 한정의견

감사인이 수행할 수 있는 감사 범위가 부분적으로 제한된 경우 혹은 기업회계기준에 따르지 않은 몇 가지 사항이 있지만 해당 사항이 재무제표에 큰 영향을 미치지 않는다고 판단할 경우 제시하는 의견이다.

한정의견은 재무제표의 작성이 전체적으로는 양호한 편이지만 일부분에서 중요한 정보가 제대로 공시되지 않았거나, 기업회계기준에 따라 작성하지 않은 부분이 문제가 되는 경우 제시하는 의견이다. 한정의견은 부적정의견이나 의견거절처럼 즉각적으로 상장이 폐지되는 의견은 아니다. 한정의견을 받으면 최초에는 관리종목으로 지정되며, 연속해서 두 번 한정의견을 받으면 상장이 폐지된다.

3. 부적정의견

기업회계기준에 위배되는 사항이 재무제표에 중대한 영향을 미쳐 기업의 경영상태가 전체적으로 왜곡되었다고 판단될 경우 감사인이 표명하는 의견이다.

부적정의견은 해당 기업의 재무제표가 기업회계기준을 전체적으로 지키고 있지 않을 경우 내려진다. 회계감사를 했는데 이 기업의 재무제표는 총체적 난국일 정도로 작성 상태가 엉망이라는 의미다. 웬만해서는 부적정의견이 나가지 않는다는 사실만 봐도 재무제표가 얼마나 엉터리인지 알 수 있다. 부적정의견을 받으면 즉각적으로 상장 폐지가 되는 특징이 있다.

4. 의견거절

감사인이 감사보고서를 만드는 과정에서 필요한 증거를 얻지 못해 재무제표 전체에 대한 의견 표명이 불가능한 경우, 기업의 존립에 의문을 제기할 만한 객관적인 사항이 중대한 경우, 혹은 감사인이 독립적인 감사업무를 수행할 수 없는 경우 의견거절을 하게 된다.

의견거절은 기업의 부도나 회계 부정처럼 기업 운영 자체가 심각한 위기에 처해 있거나, 감사 증거의 확보가 어려워 정상적인 회계감사가 불가능한 경우 제시하는 의견이다. 기업 자체가 쓰레기라고 판단이 될 경우 내려지는 의견이기에 그 영향력도 크다. 의견거절이 내려지면 즉각적으로 상장이 폐지된다.

제품의 원가를
계산해보자

지금 주변을 둘러보라. 휴대폰, 지갑, 책, 볼펜 등 가게에서 산 물건이 많이 보일 것이다. 필자는 지금 노트북이 보인다. 이러한 제품은 공장에 원재료가 투입되어 완성품으로 만들어지기까지 수많은 가공공정을 거치게 된다. 그러한 공정(Process) 자체가 시간과 돈을 잡아먹는다. 오히려 원재료보다도 이런 과정에 들어가는 돈이 훨씬 비싸다. 그럼 우리가 사용하는 다양한 제품을 제조하는 기업은 원가계산을 구체적으로 어떻게 하는 걸까? 이번에는 제품의 원가를 계산하는 과정을 알아보자.

제품의 원가를
계산하는 과정

기본적으로 제품은 원재료에서 시작한다. 원재료를 투입해서 가공을 거치게 되고, 이 가공과정에서 발생하는 것이 가공비다. 원재료를 투입해 발생하는 재료비와 가공을 하면서 발생하는 가공비의 합계가 제품을 제조하는 데 들어가는 제조원가인 것이다.

기업은 원재료를 구입해 제조공정에 투입한다. 이렇게 투입된 원재료의 원가를 직접재료비(DM; Direct Material)라고 한다. 그리고 가공공정에서는 공정의 노동자들이 수작업을 통해 조립과 가공을 주도한다. 이런 노동자에게 지급되는 임금이 직접노무비(DL; Direct Labor)다. 원재료와 노동자만으로 제품이 완성될 리 없다. 공장을 돌리기 위해서 전기료도 들어가고 수도료도 들어간다. 기계를 돌리다 보면 컨베이어 벨트가 마모되는 등 감가상각비도 발생한다. 게다가 공장관리자의 급여와 공장을 빌려 쓰는 데 드는 임차료도 계산에 포함해야 한다. 이렇게 제품을 만드는 과정에서 간접적으로 발생하는 가공비를 제조간접비(OH; OverHead cost)라고 한다.

이처럼 당기에 발생한 집접재료비, 직접노무비, 제조간접비를 합쳐서 당기총제조원가라고 부른다. 즉 제조공정에 투입된 모든 제조원가를 의미하는 것이다. 당기총제조원가는 제조공정에 집계되어 재공품이라는 계정과목으로 집계되고, 제품이 완성되면 완제품이라는 계정과목으로 전기되어 기록된다.

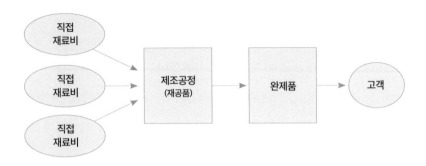

제조원가의 회계처리

직접
재료비

직접
재료비

직접
재료비

제조공정
(재공품)

완제품

고객

모든 제조원가는 재공품을 거쳐 제품으로 탄생하는 과정을 거치는 것이다. 사람이 태어나서 교육을 받고 한 명의 어른으로 성장하는 과정과 유사하다. 원재료는 어린 아기라고 볼 수 있고, 아기가 교육을 받아 청소년기가 도래한 시기를 재공품이라고 볼 수 있다. 재공품은 미완성의 제품이라는 개념이다. 아이가 어른이 된 상태가 완제품이라고 볼 수 있는데, 완제품 상태에서는 기업 외부로 판매가 가능하다.

이렇게 제품의 원가가 계산되는 과정을 알면 지금 우리가 사용하는 제품을 만드는 데 비용이 얼마나 들어갔을지 추측해볼 수 있다.

관리회계와
세무회계

관리회계는 경영자가 의사결정을 하는 데 필요한 경제적 정보를 제공하는 회계를 의미한다. 관리회계의 주요한 의사결정은 기업의 경영자부터 종업원에 이르기까지 다양한 문제를 다룰 수 있다. 경영자가 주어진 자원을 활용해서 특정한 프로젝트를 수행할 수 있도록 회계정보를 해석하기 위한 기본이 되는 정보가 원가정보다.

관리회계는 큰 틀에서는 원가정보를 생산하는 원가회계와 원가정보를 활용해서 의사결정에 사용하는 관리회계로 세분화할 수 있다. 관리회계는 다시 의사결정을 위한 이론과 성과 평가와 원가 통제를 위한 이론으로 나눌 수 있다.

원가회계와
관리회계의 분야

구체적으로 원가회계와 관리회계의 분야를 살펴보면 다음과 같다.

1. 제품 원가계산 분야

제품 원가계산 분야는 제품 원가를 계산하고 이를 통해 손익계산서상의 매출원가와 재무상태표상의 기말재고자산가액을 결정하는 분야다. 원가계산은 보통 생산하는 제품의 원가가 얼마인지 결정하기 때문에 제조업에서는 매우 중요한 분야다. 앞서 설명했듯이 기업 제품의 원가는 직접재료비, 직접노무비, 제조간접비로 구성된다. 일반적으로 판매관리비와 영업외비용은 제품 원가에서 제외되므로 이를 구별해내는 것이 중요하다.

2. 의사결정 분야

의사결정 분야는 경영활동을 지원하기 위한 정보를 수집해 경영활동을 위한 계획을 수립하고 어떤 활동을 수행할지에 대한 의사결정을 지원하는 분야다. 구체적으로는 어떤 사업 대안이 있다면 그것에 투자하는 것이 타당한지를 따져보고, 타당하다면 투자를 진행하도록 돕는 역할을 수행한다. 의사결정은 확실한 대안 간의 비교도 수행하지만, 최근에는 불확실한 경제 상황을 가정해서 확률적으로 의사결정을 할 수 있도록 이론이 발전하고 있다.

3. 원가 통제 및 성과 평가 분야

원가 통제 및 성과 평가 분야는 예정원가 혹은 미리 설정된 표준원가와 실제 발생한 원가 간의 차이를 계산해서 기업에 유리한 차이는 더욱 유리한 방향으로 이끌어주고, 불리한 차이는 책임을 묻는 식으로 통제하도록 도와준다. 구체적으로 예산과 표준을 설정하고, 실제 원가와의 차이를 가늠해 부서별로 성과를 평가할 수 있는 객관적인 기준을 제공해준다. 이를 통해 기업은 성과를 상여금에 반영할 수 있다. 반대로 원가가 아닌 판매수익 측면에서도 예산과 실제를 비교할 수 있는 기준을 마련해 성과 평가에 반영하고 있다. 이러한 척도를 지속적으로 발전시키는 것이 이 분야의 과제라고 볼 수 있다.

세무신고를 위한
세무회계

세무회계는 재무회계와 달리 그 목적이 확실하다. 바로 세금을 걷기 위한 목적이 있다는 점이다. 세무회계는 국세청에서 법인이나 개인사업자로부터 세금을 걷기 위해서 적용을 강제하는 세법을 바탕으로 하는 특수한 회계다. 따라서 세무회계를 잘하기 위해서는 세법을 알아야 한다.

기업은 매 회계연도마다 영업활동을 통해서 돈을 벌고, 다양한 회계 거래를 함에 따라 장부에 그 거래가 기록되어 남게 된다. 그리고 장부에 기록된 거래는 재무제표라는 보고서를 통해서 외부에 공표된다. 재무회계는 재무제표를 작성해서 경영 성과와 재무상태를 정보이용자에게 제공한다. 재무회계는 기업을 둘러싼 수많은 이해관계자에게 유용한 정보를 제공하는 것이 목적인 것이다.

이와 달리 세무회계는 일정한 사업연도(일종의 회계연도) 동안 어느 정도의 소득이 생겼는지를 세법의 눈으로 파악해 과세소득을 파악한다. 세무회계의 정보이용자는 국가인 과세관청(국세청)이며 개인사업자는 소득세법, 법인사업자는 법인세법의 규율을 받는다. 재무회계는 기업회계기준에 따라서 장부를 작성하는 반면, 세무회계는 장부를 세법의 규정에 맞게 다시 작성해서 세무신고를 한다.

세법은 기업회계기준과 달리 정책적인 목적에 따라서 규정이 매년 자주 바뀐다. 게다가 중소기업과 대기업을 차별하는 규정도 있고, 소득공제와 세액공제를 통해서 비용으로 계상하지 않은 항목임에도 세금 감면의 목적상 추가로 공제해주는 규정도 있다. 또한 지나치게 비용처리를 많이 해서 탈세하는 것을 방지하기 위해 몇 가지 비용에는 한도를 두도록 관리하고 있다. 예를 들어 접대비는 일정한 산식에 따른 한도 내에서만 손금(세법상 비용)으로 인정해 한도를 초과하면 비용으로 인정하지 않는다. 이렇게 비용으로 인정하지 않는 금액은 세무조정이라는 작업을 통해서 세무회계상 장부에서는 비용에서 제거하기도 한다. 세무조정은 재무회계에서 작성한 장부가 세법의 규정과 일치하지 않을 경우 이를 조정해 세법의 기준에 맞추는 작업이다.

참고로 세법은 다음의 네 가지로 분류된다.

1. 국세기본법: 모든 세금에 공통적으로 적용되는 사항을 규정

2. 법인세법: 법인의 소득에 대해 과세하는 세금을 규정

3. 소득세법: 개인의 소득에 대해 과세하는 세금을 규정

4. 부가가치세법: 거래에 매기는 세금인 부가가치세를 규정

회계의 중심,
회사란 무엇인가?

　우리 주변에는 수없이 많은 회사가 존재한다. 이들은 이익을 창출하고 자산을 증식시키며 부채와 자본으로 자금을 조달해 새로운 사업에 투자한다. 회사란 쉽게 말해 영리를 목적으로 계속 반복적으로 영업활동을 하는 사단법인이다. 상법상 회사는 영리성, 사단성, 법인성을 가진 단체로 이 세 가지 요건을 모두 갖춰야 회계처리의 중심인 회사라고 할 수 있다.

　영리성이란 회사의 목적은 자선사업이 아니라 돈을 버는 데 있다는 의미다. 따라서 비영리조직이나 학회 등은 회사라고 할 수 없다. 회사가 되려면 기본적으로 영리사업이 주된 목적이어야 하며 이를 계속적으로 추구해야 한다. 사단성이란 둘 이상의 개인이 모여 특정한 목적을 위해 설립한 단체라는 의미다. 사단은 재단과 달리 사람의 단체이기 때문에 인적인 의미가 강하다. 법인성이란 국가가 법적으로 인격을 부여했다는 의미다. 인격이라는 것은 법적으로 권리의무의 주체로서 인정했다는 것이다. 경제활동을 하기 위해서는 법률적인 책임과 권리가 귀속되어야 하고 경제적으로 손익이 귀속되는 실체여야 하는데, 이를 인정하기 위해서 법인성이라는 개념이 필요하다.

이러한 요소로 인해 회사는 타인과 거래를 하면서 취득하게 되는 각종 권리를 '자산'으로 재무상태표에 인식(기록)하게 되고, 갚아야 할 의무를 '부채'로 인식할 수 있게 된다. 또한 타인과 거래 과정에서 발생하는 경제적 소득을 '수익'으로 인식하고, 발생하는 경제적 지출을 '비용'으로 인식할 수 있게 된다.

상법상 회사의 종류

법제처 생활법령정보에 따르면 회사의 종류는 다음과 같다.

1. 합명회사

합명회사는 2인 이상의 무한책임사원으로 구성되며, 무한책임사원은 회사에 대해 출자의무를 가지고 회사 채권자에 대해 직접 연대해 무한책임을 진다. 이때 무한책임사원은 합명회사의 업무를 집행하며, 업무집행을 전담할 사원을 정할 수 있다. 업무집행사원을 정하지 않은 경우에는 각 사원이 회사를 대표하고, 여러 명의 업무집행사원을 정한 경우에는 각 업무집행사원이 회사를 대표한다.

2. 합자회사

1명 이상의 무한책임사원과 1명 이상의 유한책임사원으로 구성되며, 무한책임사원은 회사 채권자에 대해 직접 연대해 무한책임을 지는 한편, 유한책임사원은 회사에 대해 일정 부분 출자의무를 부담할 뿐 출자가액에서 이미 이행한 부분을 공제한 가액을 한도로 책임진다. 이때 무한책임사원은 정관에 다른 규정이 없을 때는 각자 회사의 업무를 집행할 권리와 의무가 있으며, 유한책임사원은 대표권한이나 업무집행권한은 없고 회사의 업무 상태와 재산 상태를 감시할 권한을 가진다.

3. 유한책임회사

공동기업이나 회사의 형태를 취하면서도 내부적으로는 사적 자치가 폭넓게 인정되는 조합의 성격을 갖고 있고, 외부적으로는 사원의 유한책임이 확보되는 기업 형태에 대한 수요에 따라 도입된 형태의 회사다. 이 형태는 벤처기업 등의 신생 기업에 적합하다. 유한책임회사는 2인 이상의 유한책임사원으로 구성되며, 유한책임사원은 회사 채권자에 대해 출자금액을 한도로 간접 유한책임을 지고, 업무집행자가 유한책임회사를 대표한다. 이때 정관에 사원 또는 사원이 아닌 자를 업무집행자로 정해야 하며, 정관 또는 총사원의 동의로 둘 이상의 업무집행자가 공동으로 회사를 대표한다고 정할 수 있다.

4. 주식회사

1명 이상의 주주로 구성되며 주주는 회사 채권자에게 간접책임만을 부담하고 자신이 가진 주식의 인수가액 한도 내에서만 유한책임을 진다. 주주라는 다수의 이해관계인이 있으므로 의사결정은 주주총회에서 이뤄지고 업무집행기관으로 이사회 및 대표이사를 둔다. 이때 이사의 업무집행을 감사하고 회사의 업무와 재산 상태를 조사하기 위해 감사를 둔다. 우리나라 회사 대부분은 주식회사의 형태를 취하고 있다.

5. 유한회사

1명 이상의 사원으로 구성되며 유한회사의 사원은 회사 채권자에게 간접책임만을 부담하고 자신이 출자한 금액의 한도 내에서만 유한책임을 진다. 유한회사는 주식회사와 달리 이사회가 없고 사원총회에서 업무집행 및 회사 대표를 위한 이사를 선임한다. 선임된 이사는 각자 업무를 집행하고 회사를 대표한다.

공정가치와
공정가치 회계의 문제점

한국채택국제회계기준(K-IFRS)이 도입되고 기존 취득 당시의 역사적 원가로 평가해 기재하던 재무제표가 시장에서 거래되는 공정가치로 평가하는 것을 장려하는 방향으로 대폭 개정되었다. 재무제표상 토지, 건물, 금융자산 등이 공정가치로 평가됨에 따라 재무상태표상 자산의 평가가 시장가치를 더 잘 반영하게 되었지만 이러한 회계처리 방식에도 문제점은 있다.

최근 대우조선해양의 분식회계 사건과 함께 꽤 많은 회계사가 구속되었고, 아직도 검찰 수사가 진행되고 있다. 필자가 회계사로 첫걸음을 내딛던 2011년 이후에도 국제회계기준으로 국제적 통합과 개혁을 위한 많은 조치가 이뤄졌음에도 불구하고 기업 회계를 둘러싼 세상은 여전히 진흙탕에 가깝다. 기업 가치를 정확하게 평가하기 위해서는 우선 기업 회계의 허점을 파악하고 있어야 한다.

재무보고서가 기업 가치를 정확히 대변하고 있는가?

분식회계 관련 이슈는 미국에서도 역사와 전통이 깊다. 정보가 완전하고, 기업회계기준이 정보를 표시함에 있어서 세밀한 기준을 제시해 기업의 진정한 가치를 나타낼 수 있다면 투자자와 사외 이사진, 경영진이 회사의 재무제표를 전적으로 신뢰할 수 있을 것이다. 경제학에서 가정하는 완전정보시장까지는 아닐지라도 효율적 시장에 가까운 시장이라고 가정한다면 재무제표상의 수치를 토대로 미래의 현금흐름, 타이밍, 불확실성에 대해 정확한 평가를 내릴 수 있을 것이다. 또 가치평가가 현재 주가에 적절하게 반영되었는지, 더 나아가 어떤 기업에 투자해야 할지, 혹은 어떤 기업을 인수해야 할지 현명하게 판단할 수 있을 것이다. 이를 통해 자본은 효율적으로 배분될 것이고, 주주들과 이해관계자들은 자신의 위험을 관리하고 적정한 이익을 누릴 수 있을 것이다.

그러나 불행하게도 현실에서 이런 일은 불가능에 가깝다. 여기에는 몇 가지 이유가 있다. 우선 기업의 재무제표는 경영진의 재량에 의한 판단과 평가에 전적으로 의존한다. 그런데 문제는 이 판단과 평가가 크게 빗나갈 수 있다는 것이다. 무엇보다 공시되는 일반적인 재무평가지표는 기업을 서로 간에 비교할 수 있도록 만든 기준이지만 특정 회사의 가치를 판단하는 데 가장 정확한 방법은 아닐 수 있다. 빠르게 변화하는 경제 환경에서 혁신을 거듭하기 위해 노력하는 구글, 페이스북 등의 IT기업은 더욱 그러하다. 필자도 한때 벤처기업을 경영한 적이 있는데 기업의 기술과 관련된 시장성은 한 달, 아니 일주일 동안에도 쉴 새 없이 변동했다. 이러한 상황을 재무제표가 따라가기 만무하다.

이러한 문제점 때문에 국제회계기준은 전문가의 재량을 폭넓게 인정하고 있으며, 회계학자들과 증권분석가들은 비공식적 평가 기준과 여러 활용기법을 개발하고 있다. 하지만 비공식적인 특정 기준들 역시 여러 문제점을 내포하고 있다. 예를 들어 기업이 영업활동으로 벌어들인 현금창출능력을 나타내는 지표 EBITDA(Earnings Before Interest, Taxes, Depreciation and Amortization)를 일반적인 채권 상환을 위한 영업현금의 대용치로 사용하고 있으나, 이를 정확한 현금흐름으로 볼 수는 없다. EV/EBITDA 비율을 통해 기업 가치를 평가해서 인수합병 협상 시 사용하기는 하지만 정확성이 현저하게 떨어진다는 단점이 있다.

마지막으로 가장 심각한 회계상 문제점은 경영자의 여러 가지 동기에 있다. 관리자 및 경영진에게는 재무제표에 고의적으로 오류를 만들 만큼의 강력한 동기가 있다. 즉 분식회계의 가능성과 회계기준에만 부합하면 의도적인 회계조작을 저지하기 어렵다는 것이 가장 심각한 문제다.

공정가치 회계의
실무상 문제점

기업 회계의 관행상 경영진과 투자자는 기업의 자산가치를 결정할 때 두 가지 기준을 사용한다. 처음에 지불한 가격으로 평가하는 역사적원가법과 당장 팔았을 때 가져올 수 있는 금액인 공정가치다. 물론 일반기업회계기준을 사용하던 2006년 이전에는 공정가치와 시장가치를 혼용해서 사용했고, 유동자산인지 고정자산인지에 따라 측정기준이 상이했다. 현행 한국채택국제회계기준에서는 재고자산을 순실현가능가치(NRV)로 평가하는 것을 제외하고는 공정가치로 평가하도록 되어 있다.

약 20년 전, 인터넷이 있기 이전에 기업의 재무제표는 취득가액에 의존했다. 쉽게 검증할 수 있다는 매우 큰 장점이자 덕목(?)이 있기에 더욱 그러했다. 그러나 오늘날의 기업 형태는 갈수록 세분화되고 있어 최근에는 여러 자산군을 측정할 때 공정가치를 사용하는 추세다. 재무상태표를 검토하면 현재 그 기업의 경제적 상황을 더 면밀하게 알 수 있다고 생각하기 때문이다. 그런데 '무엇이 공정가치인가?' 하는 부분에서는 회계실무자 간에도 다양한 이견이 있다. 그러한 이유로 이 측정 방식은 회계보고 절차의 성격을 엄청나게 주관적으로 변모시켰다. 현재 이 문제는 재무제표를 작성하는 사람과 이용하는 사람 모두에게 큰 고민거리를 제공하고 있다.

2008년 글로벌 금융위기 당시 한국공인회계사회와 금융감독원, 금융위원회 등은 공정가치를 적용하는 방법을 매뉴얼화하기 위한 논의를 진행했다. 회계감사인에게 공정가치를 확인하는 방법을 알려주기 위해서일 것이다. 그러나 이 조치는 혼란을 줄이기는커녕 오히려 절차를 더 복잡하게 만들었다. 측정 혹은 평가절차가 어려웠고 대부분 너무 주관적이었고 논란의 여지가 컸기 때문이다.

그럼 외국의 상황은 어떨까? 스위스에서 주관하는 금융투자분석사 3차 시험을 보던 2012년에 유럽 은행의 회계처리 방식에 대한 자료를 볼 기회가 있었다. 2011년 유럽 은행들이 그리스 채권을 회계처리한 과정을 돌아보면, 그리스 채권을 감가상각한 비율이 20%에서 50%까지 각양각색이었다는 사실을 알 수 있다. 유럽의 금융기관들이 전부 동인한 데이터에 근거해 빅4 회계법인의 감사를 받은 자료를 바탕으로 감가상각 비율을 결정했다는 것을 감안하면 놀라운 결과다. 일부 영국계 금융기관은 회계기준에서 요구하듯이 활성시장에서 거래되는 가격 혹은 시장가격을 사용해 평가한 것으로 알려져 있다. 반면 프랑스계 금융기관은 같은 데이터에 근거했으나 상각률을 20% 정도 낮춰 적용했는데, 활성시장에서 거래되는 가격을 거부하고 자체 모형을 통해 공정가치평가를 한 것으로 보여진다.

일례로 주식이나 기업 가치를 평가함에 있어 블랙숄즈모형이 유행하던 시절이 있었다. 지금은 각종 시뮬레이션 기법(스토케스틱모형, 몬테카를로시뮬레이션 등 확률론을 사용한 방법)이 발달되어 병행되고 있지만 말이다. 이 당시 재미있는 일화가 있는데, 시장가치가 시장에서 결정되는 것이 아니라 재무용 계산기상의 블랙숄즈모형 공식에 의해 산출된 가격으로 주가가 수렴했다는 설이다. 이를 보면 재무모형에 의해 산출된 가치가 사람들에게 신뢰감을 주는 것은 확실해 보인다.

단, 재무모형을 통한 공정가치평가도 문제는 있다. 무형자산(영업원, 특허 등)에 공정가치 원칙을 일관되게 적용하기가 얼마나 어려울지 생각해보자. 무형자산을 평가한 방식을 공개할 때는 그런 추정치가 나오도록 한 각종 가정에 대해 아주 기본적인 정보만 주석 등으로 제공해야 한다. 금융감독원 등 여러 기관의 보고서를 보면 100페이지를 넘지 않는 경우가 드물다. 만일 보고서에 공정가치평가의 근거가 된 가정까지 전부 공개해야 한다면 보고서의 길이는 감당하기 어려울 정도로 길어질 것이다.

복잡하고 다양한 금융자산이 탄생하고 있는 오늘날 다양한 모형에 대한 연구가 병행되어야 하는 이유다. 최신 모형이나 방법도 정보이용자들에게 이해시킬 수 있도록 재무제표 주석에 표시함에 있어 더 많은 노력이 필요해 보인다. 회계기준의 국제적 통합의 물결과 함께 회계전문가가 더 공부해야 하는 이유이기도 하다.

4장

스타트업이
꼭 알아야 할
세무상식

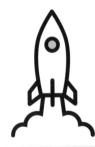

절세는 세법의 범위 안에서 합법적으로 세금을 줄이는 행위를 말한다. 세법에 반하는 방식으로 세금을 줄이려고 하다가는 여러 가지 리스크에 직면할 수 있다. 고의로 세금을 탈세하는 경우뿐만 아니라, 바뀐 세법을 몰라서 세법에 어긋나는 세무신고를 하는 경우도 생각보다 많다.

세금, 피할 수 없으면 잘 준비하라

절세는 세법의 범위 안에서 합법적으로 세금을 줄이는 행위를 말한다. 세법에 반하는 방식으로 세금을 줄이려고 하다가는 여러 가지 리스크에 직면할 수 있다. 그런데 고의로 세금을 탈세하는 경우뿐만 아니라, 바뀐 세법을 몰라서 세법에 어긋나는 세무신고를 하는 경우도 생각보다 많다.

만약 세법에 위반된 사실이 적발되는 경우에는 세액의 최대 40%(국제 거래 60%)에 상당하는 부당과소신고가산세와 함께 세금 미납 기간 동안의 이자에 해당하는 0.0025% 상당의 납부지연가산세를 부담해야 한다. 원천징수를 하더라도 연 750만 원이 넘는 기타 소득의 경우에는 종합소득으로 합산해 신고납부해야 하기 때문에 자칫 이를 원천징수하지 않으면 가산세를 면하기 어렵다. 특히 회사를 운영하다가 매출을 누락하거나 거짓된 경비 처리를 하는 경우에도 가산세가 부과된다.

가산세는 신고와 관련된 무신고가산세, 과소신고가산세, 초과환급신고가산세와 납세 고지 후 납부지연가산세로 구분된다. 신고와 관련한 가산세의 경우 세액의 10~60%를 부과하고, 납부지연가산세의 경우 신고납부 기한까지 미납액의 1일당 0.025%씩 부과된다. 단, 가산세도 경감되는 경우가 있는데 법정신고기한 내에 신고한 후 1개월 이내에 수정신고를 하면 해당 가산세의 90%, 3개월 이내는 75%, 6개월 이내는 50%, 1년 이내는 30%, 1년 6개월 이내는 20%, 2년 이내는 10%를 감면해준다. 한편 법정신고기한 후에 신고하는 경우 1개월 이내는 가산세액의 50%, 3개월 이내는 30%, 6개월 이내는 20%를 감면해준다.

가산세보다 더 무서운 조세범 처벌법

조세범 처벌법에 따르면 조세포탈죄는 '사기나 기타 부정한 방법으로 세금을 포탈하거나 환급 또는 공제받은 자'에게 적용된다. 물론 처벌하기 전에 국세청 조세범칙조사심의위원회에서 탈세 행위가 사기나 기타 부정한 행위에 의한 것은 아닌지 여부를 심의한다. 조사 결과 이중장부, 허위 계약, 증빙서류 허위 작성, 부정 세금계산서 수수, 자금의 변칙적인 유출, 상습적인 투기 등 악의적이고 고의적인 것으로 판명되면 국세청장이나 관할 세무서장이 고발 여부를 결정한다. 물론 단순한 무지에 의한 것이거나 실수에 의한 경우에는 조세범칙 대상이 되지 않는다. 조세범이라고 하더라도 국세청장 등의 고발이 없다면 검사가 공소를 제기할 수 없는 고발전치주의가 적용된다.

조세포탈범에 대해서는 2년 이하의 징역 또는 포탈 세액이나 환급 공제 세액의 2배 이하에 해당하는 벌금에 처해진다. 조세포탈범의 공소시효는 5년이지만 가중처벌 대상인 경우에는 공소시효가 10년으로 연장된다. 국세를 체납한 경우 체납한 때로부터 1년이 지난 국세가 2억 원 이상이라면 관보에 체납자의 인적사항과 체납금액이 공개된다. 3회 이상 체납하고 1년 이상 체납액이 2억 원 이상일 경우 감치 필요성이 인정되면 최대 30일까지 유치장에 감치할 수 있다.

절세의 일원칙, 세무 증빙

세무 증빙을 챙겨야 하는 이유는 세무 증빙을 통해 과세처분에 대한 소명을 할 수 있기 때문이다. 세법에 따르면 납세자는 세법이 정한

대로 모든 거래에 관한 장부와 증빙서류를 성실하게 작성해서 비치해야 한다고 규정하고 있다. 세무조사를 받을 때나 세액을 결정할 때도 이에 따라야 한다. 즉 회사는 세테크를 위해 회계장부와 증빙서류를 구분해 작성하고 비치할 의무가 있으며, 개인도 증빙서류를 갖추고 있어야 한다. 세무 증빙에는 세금계산서, 계산서, 신용카드 매출전표, 현금영수증 등 정규증빙과 지출 사실이 확인되는 증빙(입금증, 계좌 이체 기록), 소득세신고 시 제출한 주요 경비 지출명세서 등이 있다. 급여 임금, 퇴직금 등에 대해서는 지급명세서 등이 있으며, 등기 등록 또는 명의개서가 필요한 자산의 취득 및 양도와 관련해서는 기명날인 또는 서명한 계약서의 원본 등이 있다. 세금을 신고할 때는 반드시 장부와 증빙서류에 근거해야 한다. 그렇지 않을 경우 세금 추징과 가산세 부담을 피할 수 없다.

공공기관이 갖고 있는 과세자료가 국세청에 정기적으로 제출된다는 점도 알고 있어야 한다. 특히 중앙정부나 지자체는 물론이고 국민건강보험공단, 금융기관, 한국공인회계사회, 변호사회, 한국세무사회, 금융정보원 등도 매년 일정한 기간에 과세자료를 제출하도록 되어 있다. 국세청은 이런 자료를 바탕으로 세금을 신고하지 않거나 적게 신고한 자의 소득을 파악해 과세한다.

부가가치세란 무엇인가?

부가가치세는 매우 익숙한 세금이다. 우리는 신용카드를 사용할 때마다 영수증에서 부가가치세라는 항목을 보게 되고, 그때마다 이러한 세금을 내고 있다는 사실을 새삼 깨닫게 된다.

부가가치세는 보통 간접세라고 말한다. 그 이유는 소비자가 세금을 부담하지만 실제로 신고납부하는 것은 소비자가 아닌 공급자(사업자)이기 때문이다. 그래서 직접 세금을 부담하고 납세의무도 지는 직접세와는 다르다. 이러한 간접세의 특성 때문에 사업자는 소비자로부터 10%의 부가가치세를 징수해 대신 세무서에 납부한다. 생각보다 비중도 크고 놓치기도 쉬워서 잘 챙겨야 하는 세금이다.

부가가치세의 납세의무자는 사업자로서 개인, 법인, 법인격이 없는 사단 또는 재단, 그 밖의 단체로 규정하고 있다. 영리든, 비영리든 사업의 목적과 관계없이 개인도 부가가치세 납세의무를 진다. 하지만 사업성이 없는 일시적인 공급에 대해서까지 납세의무를 부담하면 납세 부담이 지나치게 커지기 때문에 사업성이 있는지 보게 되고, 이러한 사업성은 실질적인 사업 형태를 갖추면서 계속적·반복적으로 재화 또는 용역을 공급하느냐에 따라서 판단된다. 또한 다른 사업자에게 종속되어 있거나 주된 사업에 부수되지 않고 대외적으로 독립되어 있어야 납세의무자가 된다. 따라서 직장인은 영리적 목적을 갖고 회사를 다니면서 근로를 제공하더라도 독립성이 없기에 부가가치세 납세의무자가 아닌 것이다.

부가가치세 과세대상은 사업자가 행하는 재화 또는 용역의 공급과 재화의 수입이다. 하지만 재화 또는 용역 그 자체가 과세대상이 되는 것은 아니다. 물건을 살 때나 서비스비용을 낼 때 그 비용에 부가가치세가 포함되어 있기에 해당 상품 혹은 서비스 자체에 부가가치세가 붙는다고 착각하지만, 사실 그것을 우리에게 공급하는 행위에 부과되는 것이다.

이러한 공급과 수입의 행위에 돈이 오고가는 것이 일반적이지만 반드시 유상으로 공급하는 것만 과세대상인 것은 아니다. 재화는 무상으로 공급하더라도 공급 시 그 시가를 과세표준으로 과세하는 반면, 가격을 측정하기 어려운 용역은 무상으로 공급 시 과세대상에서 제외하고 있다. 또 모든 재화에 부가가치세가 과세되는 것도 아니다.

부가가치세
면세대상

일정한 재화 또는 용역의 공급에 대해 부가가치세의 납세의무를 면제하는 제도가 '면세'다. 재화 및 용역의 공급, 재화의 수입은 과세하는 것이 원칙이지만 면세대상은 이에 대한 예외적 성격으로 납세의무 자체를 면제해 매출세액이 존재하지 않는다. 매입 시 거래징수를 당한 매입세액을 환급받을 수도 없다. 따라서 부가가치세의 부담이 완전히 제거되지 않기 때문에 부분면세라고도 불린다.

부가가치세법에 따르면 면세대상은 법에 열거된 재화 또는 용역에 한하므로, 실무상 어떠한 재화 또는 용역의 공급이 면세대상인지 따질 때는 법에 열거된 재화 또는 용역을 확인해야 한다. 부가가치세가 면제되는 대상으로는 곡물, 과실, 채소, 육류, 생선 등 가공되지 않은 식료품의 판매나 연탄, 무연탄, 복권 판매 등이 있다. 허가 또는 인가 등을 받은 학원, 강습소, 교습소 등의 교육업이나 병원 등 의료·보건 용역, 도서, 신문, 잡지도 면세대상이다. 부가가치세 면세사업자의 경우 부가가치세를 신고할 의무는 없지만 사업자현황신고는 해야 하며, 1년간 매출액과 동일 기간 내에 주고받은 세금계산서와 계산서 합계표를 그다음 해 2월 10일까지 사업장 관할 세무서에 신고해야 한다.

부가가치세는 원칙적으로 6개월을 과세기간(1월 1일~6월 30일, 7월 1일~12월 31일)으로 해서 과세기간이 끝난 후 25일 이내에 신고납부해야 한다. 이를 확정신고라고 한다. 더불어 부가가치세 일시 납부에 따른 사업자의 부담을 해소해주기 위해 과세기간을 3개월 단위로 나눠서 신고납부하도록 하고 있는데, 이를 예정신고라고 한다.

사업자는 각 과세기간 중 예정신고 기간 종료 후 25일 이내에 예정신고 기간에 대한 과세표준과 납부세액 또는 환급세액을 사업장 관할 세무서장에게 신고납부해야 한다. 3개월마다 부가가치세를 신고납부하는 것이 원칙이지만 신고에 따른 납세자의 불편을 축소하고 행정력의 절감을 위해 개인 일반과세자에 대해서는 직전 과세기간 납부세액의 1/2을 결정 및 고지해 예정신고의무를 축소하고 있다.

소득세, 법인세란 무엇인가?

소득세, 법인세 역시 부가가치세만큼 친숙한 세금이다. 차례대로 알아보자.

소득세 이해하기

소득이 있는 곳에 과세한다는 대원칙이 있듯이 일반 개인에게 소득이 발생했다면 소득세법에서 열거하고 있는 소득에 따라 소득세를 신고납부해야 한다. 소득세는 개인이 지난 1년 동안 경제활동으로 얻은 소득에 대해 납부하는 세금으로 모든 과세대상 소득을 합산해 계산하고, 그다음 해 5월 1일부터 5월 31일까지 주소지 관할 세무서에 신고납부해야 한다.

소득세는 사업자가 스스로 본인의 소득을 계산해서 신고납부하는 세금이므로 모든 사업자는 장부를 비치하고 기록해야 한다. 또한 사업자는 사업과 관련된 모든 거래 사실을 복식부기 또는 간편장부에 의해 기록 및 비치하고 관련 증빙서류 등과 함께 5년간 보관해야 한다. 복식부기 의무자는 직전연도 수입금액이 일정 금액 이상인 사업자와 전문직 사업자이며, 간편장부 대상자는 당해 연도에 신규로 사업을 개시했거나 직전연도 수입금액이 일정 금액 미만인 사업자(전문직 제외)다.

장부를 기장하는 경우 스스로 기장한 실제 소득에 따라 소득세를 계산하기 때문에 결손(적자)이 발생한 경우 10년간 소득금액에서 공제받을 수 있다. 간편장부 대상자는 단순경비율, 기준경비율에 의해 소득금액을 계산하는 경우보다 최고 40%까지 소득세 부담을 줄일 수 있다. 단, 100만 원 한도로 기장 세액공제(복식부기에 한해 20%)를 적용하고 무기장가산세(가산세율 20%)는 적용을 배제한다. 소득세 산출세액은 소득금액에서 소득공제를 차감한 과세표준에 세율을 곱해 산정한다.

중간예납제도도 염두에 두고 있어야 한다. 중간예납은 종합소득이 있는 거주자가 금년 1월 1일부터 6월 30일까지의 소득세에 대해

내년 5월에 낼 소득세를 미리 내는 것이 아니라 11월에 내는 제도다. 소득세로 납부했거나 납부해야 할 세액의 1/2 이상에 상당하는 금액을 납부해야 할 세액으로 결정해 납부한다. 이후 확정신고 납부 시 확정된 종합소득세액에서 이미 납부한 중간예납세액을 차감해 정산한다. 단, 신규 사업자와 휴폐업자, 일정한 소득만 있는 자, 납세조합 가입자, 부동산 매매업자, 소액부징수자는 제외한다.

법인세 이해하기

법인세란 법인격을 가진 법인이 일정 기간 사업을 통해 얻은 소득에 대해서 부과하는 세금이다. 법인세는 국세 중에서도 직접세에 해당한다. 개인에게 소득세가 부과되는 것처럼 법인에게는 법인세가 부과된다. 그런데 세율이나 여러 가지 세법 적용에서 소득세와 차이가 있다. 가장 큰 차이는 개인의 경우 소득세법에 열거된 소득에 대해서만 과세되지만 법인은 포괄주의 원칙에 따라 순자산이 증가한 만큼 세금을 과세한다는 것이다. 또한 세율에도 차이가 있다. 개인의 활동에는 영리활동과 비영리활동 등 다양한 활동이 혼재되어 있어 이를 구분해 과세할 필요가 있기 때문이고, 법인은 애초에 영리활동을 위해 존재하기 때문인 것으로 보인다.

법인은 영리활동을 하며 객관적인 장부에 의해 기록되고 관리되기 때문에 모든 소득에 대해 순자산이 증가된 만큼 세금 부과가 가능하다. 법인세의 과세대상은 크게 세 가지다. 각 사업연도에서 발생한 이익을 기준으로 과세하는 법인세, 토지 등 양도소득에 대한 법인세, 청산소득에 대한 법인세가 그것이다. 토지 등 양도소득에 대한 법인세란 법인이 사업연도 중 토지나 건물 등을 양도한 경우 세법이 정한 일정한 요건에 해당하면 토지 등 양도소득에 대해서 별도의 법인세를 납부하는 것을 말한다. 이는 개인의 양도소득세와 유사하다. 또한 법인이 해산하면 남아 있는 법인의 자산과 부채 등을 청산한 순재산가액에 대해 세무상 자기자본을 차감해 최종적인 법인세를 납부해야 한다. 이를 청산소득에 대한 법인세라고 하는데 개인의 상속세와 비슷하다.

스타트업을 위한 절세 정보

세금 문제가 발생할 가능성이 있다면 사전에 전문가와 상담하고 세무처리를 하는 것이 안전하다. 전문가와 상담해야 이후 문제가 커질 가능성도 적고 현실적인 절세도 가능하다. 특히 회사를 운영하는 경영자라면 세금 문제에 더 민감해야 한다. 세금 문제에 대한 전문적이고 구체적인 상담은 조세전문가인 회계사, 세무사, 변호사에게 문의하는 것이 좋다. 세금 문제에 대한 일반적인 상담은 국세청이나 정부에서 운영하는 기관을 이용하면 무료로 가능하다. 이 밖에 국세청은 부당한 세금으로부터 납세자를 보호하는 납세자보호담당관 제도를 운영하고 있다.

무료 세무 정보를
제공하는 사이트

국세청에서는 세무상담을 원하는 고객들을 위해 국세청 홈택스(www.hometax.go.kr)를 통해 무료 세무상담 서비스를 제공하고 있다. 전화상담의 경우 '126'에 문의하면 되며, 인터넷상담의 경우 국세청 국세상담센터(call.nts.go.kr)를 통해 기존의 사례를 검색하거나 궁금한 사항을 문의하면 된다. 지방세는 해당 시·군·구청의 세무과에 문의하는 것이 가장 확실하다. 취득세, 재산세 등의 지방세는 국세와 달리 세무서가 아니라 시·군·구청 세무과나 해당 기관의 홈페이지를 통해 상담 가능하다.

한편 법령 해석에 대해 궁금한 부분이 있다면 세법해석 사전답변 제도를 이용하는 것이 좋다. 사업자가 특정한 거래의 과세 유무 등 세무 관련 의문사항에 대해 실명으로 구체적 사실관계를 표시해 사전에 문의하면 답변을 제공한다. 질문할 내용을 우편으로 송부하거나 직접 방문해 접수할 수도 있다.

국선대리인을 활용하는 것도 좋은 방법이다. 납세의무자가 상속세, 증여세, 종합부동산세 외의 세금에 대해 이의신청이나 심사청구, 심판청구를 할 때 경제적인 사정으로 대리인 선임이 어려운 경우 국세청이 국선대리인을 선정해준다. 단, 청구인의 종합소득금액은 5천만 원 이하, 재산 보유액은 5억 원 이하여야 하며, 청구세액은 3천만 원 이하여야 한다.

무료 세무 정보 사이트

이름	정보
국세청 홈택스	우선 즐겨찾기로 등록해둬야 할 곳은 국세청(www.nts.go.kr)과 국세청이 운영하는 홈택스(www.hometax.go.kr)다. 이곳은 대한민국 모든 납세자가 회원이 될 수 있고, 세금에 관한 각종 정보가 가장 많으며, 세무 공무원에게 직접 질의하거나 상담받을 수 있다는 장점이 있다. 각종 세법의 원문 조회, 세금에 대한 계산부터 신고납부 방법, 세무상담까지 세금과 관련해 필요한 모든 것이 제공된다. 또한 국세청 홈택스는 한 번의 로그인으로 납세자들이 필요로 하는 국세 관련 인터넷 서비스를 이용할 수 있고, 집에서도 국세청 업무를 볼 수 있어 유용하다.
조세심판원	과세 문제가 발생했을 때 도움을 받을 수 있는 곳으로 조세심판원(www.tt.go.kr)이 있다. 국세청에서 해결하지 못하는 억울한 세금에 대해 조세불복을 하는 곳이다. 조세불복 절차와 각종 양식을 제공하고 있으므로 조세불복 신청에 앞서 방문하는 것이 도움이 된다.
한국납세자연맹, 한국공인회계사회, 한국세무사회	한국납세자연맹(www.korea.org)은 조세전문가와 시민운동가 등을 중심으로 납세자의 권리 찾기 운동에 앞장서는 단체다. 사회적으로 이해관계자가 많은 세무 쟁점에 집단적으로 대응하는 데 유용한 곳이다. 이 밖에 세무전문가들이 모여 있는 사이트로는 한국공인회계사회(www.kicpa.or.kr)와 한국세무사회(www.kacpta.or.kr)가 있다.
각종 신고납부 사이트	국세에 해당하는 양도소득세, 종합소득세, 부가가치세, 법인세, 증여세 등 대부분의 세금을 신고납부할 수 있는 홈택스가 대표적인 예다. 국세와 지방세는 각종 금융기관 사이트를 통해 납부할 수 있으며, 지방세는 위택스(www.wetax.go.kr)를 이용하면 된다.

이 밖에 세무서의 부당한 세금 부과 등으로부터 납세자를 보호하기 위해 국세청은 납세자보호담당관 제도를 운영하고 있다. 세금과 관련된 납세자의 권익을 보호하기 위한 제도로 세금의 부과, 징수, 조사 과정에서 일어날 수 있는 납세자의 억울함을 풀고 해소하기 위해 시행된다. 전국 모든 세무서에 전담 인력이 있다. 누구나 국세상담센터 또는 가까운 세무서에 전화해 납세자보호담당관과 상담을 받을 수 있으니 참고하기 바란다.

억울한 세금
돌려받는 방법

납세의무가 있는 만큼 납세자의 권리도 있게 마련이다. 세법에서 정한 대로 적법하게 과세되어 낸 세금은 정당한 납세의무의 실현이 겠지만 억울하게 부과된 세금이라면 돌려받는 것이 맞을 것이다. 당연히 돌려받는 절차도 법에 정해져 있다. 이 네 가지 절차는 납세자가 일정한 기간 내에 행사해야 하는 권리다.

1. 경정청구

경정청구는 납세의무자가 신고기한 내에 이미 신고납부했거나 정부가 결정 또는 경정한 세금 액수가 납부해야 할 금액보다 많은 경우, 즉 세금을 과다하게 납부한 경우 과세관청이 정정하도록 촉구하는 제도다. 경정청구권은 일정 기간 안에 행사하지 않으면 행사할 수 없기에 잘 따져볼 필요가 있다. 법정신고기한 경과 후 5년 이내(결정처분이 있음을 안 날로부터 90일 이내)에 청구해야 하며, 후발적 사유로 당초 신고와 결정 등이 과대하게 된 경우 해당 사유가 발생한 것을 안 날로부터 3개월 이내에 청구할 수 있다.

2. 수정신고와 기한 후 신고

수정신고는 경정청구와 반대로 법정신고기한 내에 신고했지만 내야 할 세금보다 적게 신고했거나 많이 환급받은 경우 납세의무자가 자신해서 정정하는 신고다. 정부가 오류를 시정해 통지하기 전에 행하는 것으로, 확정신고한 것과 같은 효력이 있다. 기한 후 신고란 법정신고기한 내에 세금신고를 하지 않은 자가 정부가 세금을 결정 통지하기 전에 행하는 신고다. 확정신고의 효력이 없으므로 기한 후 정부가 신고 내용을 바탕으로 세액을 결정한다. 수정신고나 기한 후 신고는 가산세를 감면해주는 효과가 있다.

3. 과세전적부심사

과세전적부심사는 세무조사나 서면 확인 등으로 추가 납부할 예상 세액이 300만 원이 넘을 경우 과세 전에 과세내용을 납세자에게 미리 알려주고 납세자가 사전에 시정할 수 있도록 하는 제도다. 단, 청구는 세무조사결과통지서 또는 과세예고통지서를 받은 날로부터 30일 이내에 당해 세무서장, 지방 국세청장에게 해야 한다. 한편 과세 내용에 이의가 없을 때는 가산세 부담을 줄이기 위해 조기결정신청 제도를 이용할 수 있다.

4. 조세불복

조세불복은 이의신청, 심판청구, 심사청구로 구분된다. 먼저 세무서장, 지방 국세청장 등에게 제기하는 이의신청은 납세고지서 등을 받은 날로부터 90일 이내에 이의신청서를 제출해야 하며, 청구일로부터 30일 이내에 신청인에게 결과가 통지된다. 이때 결과에 불복하는 경우 심판청구나 심사청구를 제기할 수 있다.

심판청구는 조세심판원에 해당 과세처분이 부당함을 제기하는 불복 절차다. 심판청구와 심사청구는 선택적으로 신청할 수 있기 때문에 심판청구를 신청한 경우 심사청구를 할 수는 없다. 심사청구도 위법 또는 부당한 처분을 받은 날로부터 90일 이내에 청구되어야 하며, 제출된 심사청구서는 세무서장을 거쳐 국세청장에게 제출된다. 국세청에 하는 심사청구와 달리 감사원법에 따라 감사원에 심사청구를 하는 경우에는 이의신청을 거친 후에는 제기할 수 없는 점에 유의해야 한다.

이러한 이의신청, 심판청구 또는 심사청구에 의해서도 구제받지 못하는 경우에는 법원에 행정소송을 제기할 수 있다. 이때 결정통지서를 받은 날로부터 90일 이내에 서류를 제출해야 한다. 이 기간이 초과되는 경우 부적법 각하되므로 유의하기 바란다.

사업소득자의 분류마다 세금도 다르다

사업소득자의 경우 프리랜서 사업자와 개인 자영업자로 구분할 수 있다. 프리랜서 사업자는 사업자등록을 하지 않고 사업을 하는 사람을 말하며, 개인 자영업자는 영업장소를 갖추고 개인사업자등록을 하고 계속 반복적으로 재화와 서비스를 공급하는 사람을 말한다. 이러한 사업소득자가 근로소득자에 비해 절세에 유리한 점은 비용관리에 있다. 즉 사업소득의 경우 총수입금액에서 필요경비(비용)를 제외한 순소득에 대해서만 과세하기 때문에 비용처리가 많이 될수록 세금을 줄일 수 있다. 비용처리를 위해서는 적법한 증빙을 갖춰야 하며, 특정한 비용의 경우 한도까지만 인정되기도 한다.

복식부기 의무자 및 무기장자 기분경비율 적용 기준

그룹, 업종	복식부기 의무자	무기장자에 대한 기준경비율 적용
ⓐ: 농·임어업, 광업, 도·소매업(상품중개업은 ⓑ), 부동산 매매, 그 외 ⓑ, ⓒ, ⓓ에 속하지 않는 업종	3억 원 이상	6천만 원 이상
ⓑ: 제조업, 음식·숙박업, 전기·가스·증기 및 수도사업, 하수·폐기물처리·원료재생·환경복원업, 건설업(비주거용 건설은 ⓐ), 부동산 개발·공급업(비주거용은 ⓐ), 운수업, 출판·영상·방송통신·정보서비스업, 금융·보험업, 상품중개업, 목욕탕업	1억 5천만 원 이상	3,600만 원 이상
ⓒ: 부동산 임대업, 부동산업(부동산 매매업은 ⓐ), 전문·과학·기술서비스업, 사업시설관리·사업지원·임대서 비스업, 교육서비스업, 보건·사회복지서비스업, 예술·스포츠·여가 관련 서비스업, 협회·단체, 수리 및 기타 개인 서비스업, 가구 내 고용활동	7,500만 원 이상	2,400만 원 이상
ⓓ: 변호사, 심판변론인, 변리사, 법무사, 회계사, 세무사, 경영지도사, 기술지도사, 감정평가사, 손해사정인, 관세사, 기술사, 건축사, 도선사, 측량사, 노무사, 의·한의사, 약·한약사, 수의사	전 사업자	전 사업자

※ 과세대상 연도의 전년도 수입금액을 기준으로 하며 신규 사업자는 해당되지 않음. 단, 신규 사업자라도 과세대상 연도의 수입금액이 복식부기 의무대상금액 이상이거나 ⓓ그룹 사업자가 무기장일 때는 기준경비율에 의해 과세

세법 규정상 어느 비용이 어느 정도까지 비용처리가 되는지 알고 있는 것만으로도 절세에 매우 큰 도움이 된다. 개인사업자의 경우 수입금의 규모에 따라 업종별로 세법상의 의무와 적용 내용이 다르니 확인하기 바란다.

참고로 장부를 하지 않을 경우에는 기장에 의해 소득금액을 계산할 수 없기 때문에 추계 방식으로 계산해야 한다. 이를 추계신고라고 하는데, 이런 경우에는 산출세액의 20%를 무기장가산세로 물어야 한

다. 그런데 무기장가산세가 무신고가산세보다 작을 때는 무신고가산세를 부과한다. 무신고가산세는 수입금액의 0.07%와 무신고납부세액의 20%(부정한 방법에 의한 무신고인 경우 40%) 중 큰 금액으로 한다. 간편장부 대상자가 장부를 하지 않은 경우에도 산출세액의 20%를 무기장가산세로 부담한다. 그러나 직전 과세기간의 수입금액이 4,800만 원 미만인 소규모 사업자는 무기장가산세를 적용하지 않는다. 장부를 비치 및 기록하고 있는 사업자는 총수입금액에서 실제로 들어간 필요경비를 공제해 소득금액을 계산한다.

만약 필요경비가 수입금액보다 많이 발생해 결손금이 생기면 어떻게 될까? 과세할 소득이 없기 때문에 당연히 세금은 해당되지 않는다. 그리고 그 결손금은 다음 연도로 이월되거나 다른 소득이 있을 경우 소득금액에서 차감할 수 있다. 다음 연도로 이월된 결손금은 다음 연도에 이익이 발생하면 이월된 결손금만큼 과세소득금액을 줄일 수 있으며 10년간 공제가 가능하다. 그러나 장부를 하지 아니한 경우에는 결손금액이 발생하더라도 인정받지 못한다. 결론적으로 복식부기 의무자는 장부 작성이 복잡하기 때문에 회계사나 세무사에게 장부기장을 맡길 수밖에 없다.

세무사 도움 없이
세금 돌려받기

세무신고를 하다 보면 간혹 소득공제나 세액공제 항목을 챙기지 못해서 세금을 과다하게 납부하는 경우가 발생한다. 매년 연말정산을 하는 근로소득자도 세무상 요건을 잘 몰라서 공제 혜택을 못 보고 넘어가는 경우가 많은데, 복잡한 필요경비를 챙겨야 하는 사업자는 오죽할까. 필요경비로 인정받지 못한다고 착각해 세금을 왕창 냈다가 뒤늦게 알게 되면 어떻게 해야 할까? 이러한 납세자를 위한 매우 좋은 제도가 있다. 바로 '경정청구'다.

필자도 경정청구를 통해 고객들의 세금을 환급받은 경험이 있다. 세법이 생각보다 복잡하고 상황에 따라 적용되는 방식이 다르다 보니, 세제 혜택을 볼 수 있는 항목이 있어도 모르고 그냥 넘어가는 경우가 많다. 이럴 때 경정청구를 이용하면 세액을 바로잡고 잘못 납부한 세금을 돌려받을 수 있다.

경정청구를 하는 방법

그럼 경정청구가 무제한적으로 인정되는지 궁금할 것이다. 안타깝게도 경정청구는 법정신고기한 경과 후 5년 이내의 것까지만 청구해 환급받을 수 있다. 옛날에는 경정청구를 하려면 세무서에 직접 방문해서 수기로 5장의 경정청구 서류를 작성해야 했다. 필자도 수시로 세무서에 방문하느라 고생한 기억이 난다. 그러나 최근에는 홈택스로 집에서도 편리하게 경정청구를 진행할 수 있게 되었다. 홈택스로 경정청구하는 방법에 대해서 살펴보자.

우선 홈택스에 접속한다. '신고/납부' 메뉴 중에서 '세금신고' 목록의 '종합소득세'를 클릭한다. 그러면 종합소득세신고 화면으로 이동한다. 종합소득세신고 화면에서 '경정청구'를 클릭하면 '경정청구 자동작성 서비스' 화면이 나온다.

해당 화면에서 경정청구를 할 귀속연도를 선택하면 된다. 2017년에 경정청구를 한다고 하면 2012년부터 2016년까지 조회할 수 있을 것이다. 귀속연도를 선택해서 조회 버튼을 클릭하면 자동으로 정보가

홈택스 웹사이트 화면. '신고/납부' 메뉴에서 경정청구를 진행한다.

홈택스 경정청구 자동작성 서비스 화면. 귀속연도를 선택해 '조회'를 누르면 자동으로 정보가 뜬다.

뜰 것이다. 확인하고 '다음 이동'을 클릭한 다음, 기본정보를 입력하고 '저장 후 다음 이동'을 클릭한다.

'근로소득신고서 수정입력' 화면이 나오면, 회사의 지급명세서를 통해서 자동으로 정보가 나타나기 때문에 소득공제와 세액공제 항목의 수정사항을 직접 수정해줘야 한다. '입력/수정하기'를 클릭해 수정을 진행하고 경정청구 사유를 선택한 다음, 국세환급금 계좌를 입력하고 '신고서 작성완료'를 누른다. 마지막으로 '신고서 제출하기'를 클릭하면 신고내역을 확인할 수 있다. 이렇게 5개년도 중 경정청구가 필요한 연도의 세액을 경정해 환급받을 수 있다.

참고로 홈택스는 기본적으로 공동·금융인증서가 필요하다. 그래서 인터넷으로 복잡한 절차를 밟는 것 자체가 어르신들에게는 부담스러운 것이 사실이다. 이러한 절차가 익숙하지 않다면 가까운 세무서에 연락해 '소득세과'를 바꿔달라고 하면 된다. 소득세과 담당자에게 경정청구를 하고 싶은데 어떻게 하면 좋겠냐고 물어보면 필요한 서류와 절차를 상세하게 안내해줄 것이다. 이 안내에 따라서 세무서에 방문해 경정청구를 하는 방법도 있다.

개인과 법인의 세금 차이

필자는 한때 개인사업자로 쇼핑몰 창업도 해봤고, 벤처기업을 설립해 경영해본 경험이 있다. 수년 전 주식회사 이안택스를 공동으로 창업해 창립멤버로 활동한 이력도 있다. 개인사업자와 법인사업자를 모두 경험해본 바에 따라, 사업을 시작하는 예비 창업자에게 몇 가지 조언을 해주고자 한다.

사람은 태어나면 곧바로 출생신고를 하고 대한민국 국민으로서 권리와 의무를 가지고 활동한다. 이는 기업도 마찬가지다. 사업자등록을 하거나 법인 등기를 하고 사업을 시작해야 한다. 이 사업자등록이 인간으로 말하면 출생신고와 같다. 사업자로서 첫걸음을 내딛는 과정인 것이다. 사람은 날 때부터 남자 아니면 여자로 태어난다. 사업자도 법인으로 사업을 할지 개인으로 사업을 할지 선택해야 한다. 물론 사람도 성전환수술을 할 수 있듯이 개인사업자도 적절한 절차를 밟으면 법인으로 전환할 수 있다.

개인사업자가 좋을까, 법인사업자가 좋을까?

개인사업자와 법인사업자의 최고세율만 놓고 보면 당연히 법인사업자가 유리한 것처럼 보인다. 개인사업자는 과세표준에 적용되는 최고세율이 45%이고, 법인사업자는 과세표준에 적용되는 최고세율이 25%이기 때문이다. 필자도 한때 경영지도 활동을 하면서 자주 들었던 질문이 개인으로 창업하는 것보다 법인이 더 좋지 않느냐는 것이었다.

개인사업자와 법인사업자의 최고세율

그러나 인생에 정답은 없듯이 이에 대한 답도 상황마다 다르다. 똑같은 창업이더라도 사업자마다 업종이 다르고, 사업자가 처한 경영 환경이나 목표로 하는 사업의 규모가 다르기 때문이다. 여러 변수에 따라 정답도 달라진다. 일단은 개인사업자와 법인사업자에 대해 구체적으로 파악하고 난 후에 결정해야 할 것이다.

일반적인 통념은 법인이 세금 면에서 유리하다는 것이다. 그런데 반은 맞고 반은 틀린 답이다. 개인은 소득세를 납부한다. 소득세율은 소득금액에서 소득공제를 차감한 과세표준의 금액에 따라서 최저세율 6%부터 최고세율 45%까지 다양한 세율을 적용받는다. 반면 법인은 과세표준이 2억 원이 안되면 10%의 세율을 적용받고, 2억 원이 넘어가면 200억 원까지는 20%의 세율을 적용받는다. 3천억 원까지의 과세표준에 대해서는 22% 세율을 적용받고, 이를 넘어서는 경우 25%의 세율을 적용받는다.

개인과 법인의 세율 구간을 자세히 보면 소득 규모에 따라서 유불리가 달라진다는 것을 눈치 챌 수 있다. 과세표준이 1,200만 원 이하인 영세 사업자라면 개인으로 사업을 할 경우 세율 6%를 적용받는데 반해, 법인으로 사업을 할 경우 10%의 세율을 부담해야 한다. 보통 과세표준은 매출액에서 일정한 필요경비를 차감한 금액이므로 번 돈만큼 지출도 많으면 충분히 과세표준을 줄일 수 있다. 과세표준이 작은 사업자는 개인사업자가 유리한 것이다.

게다가 개인은 사업소득세만 계산해서 납부하면 더 이상 과세 문제가 발생하지 않는다. 그러나 법인은 소득이 발생하면 법인세로 세

개인사업자의 세율 구간

과세표준	세율
1,200만 원 이하	6%
1,200만~4,600만 원	15%
4,600만~8,800만 원	24%
8,800만~1억 5천만 원	35%
1억 5천만~3억 원	38%
3억~5억 원	40%
5억~10억 원	42%
10억 원 초과	45%

법인사업자의 세율 구간

과세표준	세율
2억 원 이하	10%
2억~200억 원	20%
200억~3천억 원	22%
3천억 원 초과	25%

금을 계산해 납부해야 하고, 나중에 배당으로 돈을 가져간 주주들은 배당소득세를 또 납부해야 한다. 즉 회사 내부에 자금을 유보할 때까지는 법인세만 신경 쓰면 되지만, 배당으로 현금을 가져가게 되면 15.4%를 원천징수해 추가로 소득세를 납부해야 하는 것이다. 배당소득에 대해 이중과세조정제도가 있기는 하지만 결국 소득세의 분리과

개인과 법인의 세금 계산상 차이

구분	개인사업자	법인사업자
적용 세법	소득세법	법인세법
과세표준	총수입금액-필요경비	익금-손금
과세기간	1월 1일~12월 31일	정관에서 정함. 정하지 않으면 1월 1일~12월 31일
과세 범위	특정 사업소득은 원천징수로 과세 종결(분리과세)	무조건 합산과세
납세지	사업자의 사업장 소재지	법인등기부등본상의 본점 및 주사무소
장부기장	일기장 의무자, 간이장부 대상자, 복식부기 의무자로 분류	무조건 복식부기 의무자
이중과세	이중과세 문제가 없음	법인세 과세 후 주주가 배당을 받으면 배당소득세를 과세하는 이중과세의 문제가 발생함

세 세율(소득세 14% 및 지방세 1.4%)만큼은 부담하게 되어 있다.

그래도 규모가 큰 사업을 할 경우에는 법인이 유리한 것은 사실이다. 규모가 커지면 개인은 45%의 세율을 부담할 수밖에 없지만 법인은 최대 25%의 세율을 부담하면 된다. 법인의 경우 나중에 이익을 분배할 때 배당소득세에 대해 따로 세율 구간을 적용해 주주들이 알아서 세금을 계산해 내면 되기 때문이다.

세율 구간 외에도 개인과 법인은 세금 계산 구조에서도 몇 가지 차이를 보인다. 이에 대해 추가적으로 살펴보고 의사결정에 활용하기 바란다.

사업의 규모가 커지면
법인 전환이 유리할까?

개인사업을 하다가 사업 규모와 함께 세금 부담이 커지기 시작하면 법인 전환을 고민하게 된다. 문제는 언제 어떻게 법인으로 전환하는가에 있다. 법인 전환의 목적에 따라 적절한 시기와 방법이 달라질 수 있으나 절세의 측면에서, 세무서의 개별관리 대상 여부를 고려해서, 외부로부터의 자금조달 측면에서 문제가 될 때 고려하는 것이 좋다.

규모가 커지면 법인 전환이 당연히 유리하다. 정산적인 순이익이 어느 정도 규모 이상이 되면 법인 전환을 고려하는 것이 현명하다. 개인사업자와 법인사업자는 세금의 구조에 있어서 차이가 있다. 매출액이 아무리 커도 이익이 작으면 법인으로 전환해도 큰 의미가 없다. 따라서 순이익을 기준으로 법인 전환 여부를 결정하는 것이 좋다.

개인사업자가 부담하게 되는 소득과 관련된 세금은 사업소득세와 이에 10% 부가되는 지방소득세가 있다. 법인사업자가 부담하는 세금은 법인세와 이에 대한 지방소득세, 대표이사 및 임직원의 근로소득세, 배당 시 주주의 배당소득세와 그에 부가되는 지방소득세가 있다. 따라서 개인사업자와 법인사업자의 세금 부담을 비교하려면 이들 양자를 비교해야 한다. 법인세의 경우 세율이 법인세 과세표준 금액인 2억 원, 200억 원, 3천억 원을 기준으로 10%, 20%, 22%, 25%를 부과하는 초과누진세율을 택하고 있고, 배당 시 배당소득에 적용되는 세율은 2천만 원까지 14%, 이를 초과한 금액에 대해서는 종합소득에 합산되어 15~45% 누진세율이 적용된다. 이론적으로는 개인사업자의 경우 과세표준 8,800만 원이 넘어가면 법인사업자로 전환해 적용세율을 낮추는 것이 유리하다고 생각하면 간단하다.

　동일한 매출 규모에서 보면 개인사업자가 법인사업자보다 관할 세무서의 개별관리 대상으로 분류되어 집중 관리될 가능성이 크다. 일반적으로 개인사업자는 세무서의 소득세과, 법인사업자는 법인세과에서 담당해 각 담당부서별로 외형의 크기나 신고성실도 등에 따라 관리 대상을 선정한다. 법인은 매출 규모가 비교적 큰 집단인 데 반해, 개인사업자는 상대적으로 매출 규모가 작은 집단이므로 법인 내에서는 하위그룹에 속해도 개인사업자 내에서는 상위그룹에 속할 수 있다. 개별관리 대상이 되면 부가가치세와 소득세를 신고할 때 세무서가 더 엄격하게 관리하므로 여러모로 부담이 크다. 따라서 외형이 약 20억 원 이상으로 커지는 경우 법인 전환을 고려해보는 것이 좋다.

성실신고확인제 기준금액

기준금액	업종
5억 원	부동산 임대업, 전문·과학·기술서비스업, 사업시설관리·사업지원·임대서비스업, 교육서비스업, 보건·사회복지서비스업, 예술·스포츠·여가 관련 서비스업, 협회·단체, 수리 및 기타 개인 서비스업, 가구 내 고용활동
7억 5천만 원	제조업, 음식·숙박업, 전기·가스·증기 및 수도사업, 하수·폐기물처리·원료재생·환경복원업, 건설업(비주거용 건설은 제외하고, 주거용 건설 개발 및 공급 업을 포함), 운수업, 출판·영상·방송통신·정보서비스업, 금융·보험업, 상품중개업,
15억 원	농업, 임업, 어업, 광업, 도매 및 소매업, 부동산 매매업, 그 밖에 위에 해당하지 않는 사업

또 매출액이 성실신고확인제 기준금액 이상이라면 법인 전환을 고려하는 것이 좋다. 개인사업자로서 매출액이 성실신고확인제 기준금액 이상이면 세무 검증을 받아야 하기 때문이다. 또한 대상 개인사업자가 법인 전환을 한 후에도 3년간은 성실신고확인의무가 있다.

회계장부와 증명서류에 의해 계산한 사업소득금액의 적정성을 확인하고, 작성한 성실신고확인서를 6월 말일(법인 전환 기업은 4월 말일)까지 세무서에 제출해야 한다. 이러한 경우에는 개인사업자라고 하더라도 법인보다 더 엄격한 세무관리를 받으므로 매출액이 기준금액을 넘을 때는 법인 전환을 하는 것이 더 나을 수 있다.

구체적인
법인 전환 방법

개인사업자가 법인사업자로 전환하면 방법에 따라 조세특례를 받을 수 있다. 그렇다면 조세 지원 법인 전환의 조건은 어떻게 될까?

먼저 소비성 서비스업을 제외한 개인기업의 사업용자산, 즉 사업에 직접 사용하는 유형자산, 무형자산을 모두 현물출자하거나 사업과 관련된 모든 권리와 의무를 포괄적으로 승계해 사업의 동일성을 유지해야 한다. 그다음 현물출자에 의한 법인 설립 시 개인기업의 대표가 발기인이 되어 법인 설립을 해야 하고, 사업양수도인 경우에도 개인 기업의 대표가 발기인으로 법인을 설립한 후 3개월 이내에 당해

법인 전환 방법

구분	조세 지원 법인 전환	조세 지원 없는 법인 전환
법인 전환 방법	• 개인 기업의 사업용자산 포괄적현물출자에 의한 법인 설립(대표가 발기인) • 대표가 발기인이 되어 사전 법인 설립 후 개인 기업 사업용자산의 포괄양수도에 의한 법인 전환 • 중소기업 통합에 의한 신규 법인 설립	• 일반적인 사업양수도에 의한 법인 전환
조세 지원 내용	• 양도소득세 이월과세 • 취득세, 등록면허세 면제 • 국민주택 채권 매입 면제 • 조세 감면의 승계 • 부가가치세 면제 • 등록면허세 중과 배제	• 없음

법인의 사업에 관한 모든 권리와 의무를 포괄적으로 양도해야 한다. 새로 설립되는 자본금은 현물출자를 하든, 사업양수도에 의한 경우든 전환되는 사업장의 순자산가액 이상이어야 한다. 양도소득세 이월과세는 법인 전환연도 과세표준신고 시 이월과세적용신청서를 납세지 관할 세무서장에게 제출하고, 취득세와 등록면허세 등의 감면은 해당 사유 발생 시 감면신청서를 관할 지방자치단체장에게 제출해야 한다. 부가가치세가 면제되려면 폐업신고서와 사업양수도신고서를 함께 제출해야 한다.

구체적인 조세특례의 내용을 살펴보면 다음과 같다.

조세특례 중 가장 큰 세제 지원은 양도소득세 이월과세다. 원래 개인이 보유하고 있던 부동산을 법인에 양도할 경우 양도차익이 발생하면 그에 대해서는 양도소득세가 과세되는데, 이렇게 되면 법인 전환에 장애가 되므로 이를 완화해주는 지원이다. 이때 자산 취득가액은 해당 자산의 취득 시 실거래가액으로 하고, 양수한 법인에서 처분할 때 비로소 양도소득에 대한 법인세를 과세한다.

현물출자 또는 중소기업 간 통합에 의해 신설된 법인이 취득하는 사업용재산에 대해서는 취득세와 등록면허세를 면제한다. 이에 따라 국민주택 채권 매입 의무도 면제된다. 단, 정당한 사유 없이 2년 이내에 사업을 폐지하거나 해당 재산을 처분할 때는 감면세액을 추징한다. 또한 부가가치세를 면제한다. 부가가치세법상 포괄양수도에 해당되어 재화의 공급으로 보지 않으므로 세금계산서 발행 의무가 면제된다. 단, 포괄양수도에 의한 법인 전환 시 소멸되는 개인사업자 또는 통합되는 중소기업의 폐업신고는 폐업일이 속한 달의 말일로부터 25일 이내에 행해야 한다.

법인 전환 시 주의할 사항은 다음과 같다.

먼저 조세 지원을 받는 법인 전환은 보통 설립자본금 규모가 커지고, 자산과 부채에 대한 법정평가가 요구되므로 설립비용이 상대적으로 많이 발생함에 주의해야 한다. 그리고 회사의 사업용고정자산과 부채 등의 재무상태와 경영 성과, 이월결손금의 존재 등을 고려해야 한다. 사업용고정자산 중 양도소득세 과세대상 자산이 있는 경우 전환 과정에서 양도소득세 부담을 이연시키기 위해 조세 지원이 되는 법인 전환 방법을 선택하는 것이 유리하다. 양도소득세 문제가 발생하지 않는다면 전환비용을 줄이기 위해 일반양수도 방식을 선택해도 무방하다.

조세특례제한법상 여러 준비금이 설정되어 과세이연을 받고 있는 경우, 법인으로 전환하는 사업연도에 전액 환입해야 하므로 일시에 소득세 부담이 커질 수 있음에 유의해야 한다. 개인 기업의 경우 이월결손금이 존재하면 법인 전환 시 승계되지 않아 이월결손금의 세금효과를 누릴 수 없다는 점도 고려해야 한다. 실무상 편의를 위해 가능하면 부가가치세신고 기준일과 법인 전환일을 일치시키면 폐업신고와 부가가치세신고 등을 동시에 할 수 있어 효율적이다.

세무신고 시 주의사항

사업자의 경우 1년에 세 가지 세무신고를 하게 된다. 우선 1년에 한 번(간이과세) 또는 두 번의 부가가치세신고가 그것이고, 그다음 매월 또는 6개월에 한 번씩 이뤄지는 원천징수와 연말정산이 있고, 마지막으로는 결산 및 종합소득세신고가 있다. 한편 면세사업자는 매년 그다음 해 2월 10일까지 한 차례 사업자현황신고를 해야 한다.

사업소득신고에서 각 단계의 비중은 부가가치세가 가장 크다고 할 수 있다. 부가가치세신고가 절반 이상을 차지하고, 원천징수신고와 종합소득세신고가 절반이 되지 않는다. 그만큼 부가가치세신고의 비중이 큰 편이다. 부가가치세신고는 사업소득과 관련된 매출액과 매입액을 세금계산서 또는 신용카드 매출전표 등 법정 증빙자료를 바탕으로 정산해 부가가치세액 납부 또는 환급을 받는 절차다.

부가가치세신고는 동일한 하나의 거래에 대해 사업자 본인과 거래상대방이 동시에 세무신고를 하므로, 차이가 발생하는 경우 한쪽 당사자의 신고 오류로 잡혀 추가 세금 및 가산세 부담으로 이어질 가능성이 높다. 거래에 참여한 두 사업자가 각각 부가가치세신고를 하지만 국세청 전산망은 이를 하나의 거래로 보고 상호 비교하게 된다. 그 거래의 발생 시기, 거래의 실재성, 거래금액의 완전성을 검토해 누락 등이 발견되면 관할 세무서가 불부합자료로 간주해 해당 거래처에 소명을 요구한다.

소명요구에 대응하는 방법

일반적으로 세무서에서 세금계산서 등 소명을 요구받으면 단순한 누락 등에 의한 경우도 있지만, 거래상대방이 신고하지 않거나 또는 자료상 혐의자나 폐업자와의 거래, 명세사업자나 간이과세사업자와의 거래인 경우가 많다. 또한 고정 거래처가 아닌 거래처와 갑자기 고액 거래를 한 경우, 사업자 간 취급 품목이 아닌 내용의 세금계산서를 서로 주고받은 경우, 원거리 사업자와 거래한 경우, 세금계산서 자료만 사고파는 자료상과 거래한 경우, 분기 말 또는 연말에 하나의 거래처로부터 대량 매입한 경우 세무서에서 소명요구를 받을 가능성이 높다.

자료 소명요구에 대응하는 방법은 거래증빙뿐이다. 실제 거래를 입증하는 가장 효과적인 방법은 해당 거래에 대해 서로의 계좌로 거래대금을 주고받았고, 거래대금이 정상적으로 사업과 관련해 지출되었음을 입증하는 것이다. 현금거래는 움직일 수 없는 증빙이 추가로 제시되지 않는 한 세무서에서 인정하지 않기 때문에 유의해야 한다. 이러한 경우 방증자료를 제시해야 하는데, 상대방 거래처로부터 받은 확인서, 물품과 용역을 실제로 제공받았음을 증명할 수 있는 거래명세서, 물품의 사용내역, 제품의 생산내역 또는 제3자가 개입되어 있으면 그 자료 등을 제출하면 된다.

가공거래의 경우 큰 규모의 세금 추징에 주의해야 한다. 즉 소명요구를 받았는데 입증하지 못하면 가공거래로 판단해 공제받은 부가가치세를 추징할 뿐만 아니라, 소득세와 법인세도 동시에 추징될 수 있다. 특히 법인의 경우 가공경비 계상에 따른 상여처분으로 소득세가 추징되는데, 4~5년 정도 지난 거래는 거래금액보다 더 큰 금액의 세금이 추징된다. 게다가 조세범으로 고발될 수 있으니 주의해야 한다.

사업자등록의
모든 것

사업자등록에 있어서 명의 대여는 위험하다. 사업과 관련된 세금
은 사업자등록을 한 명의자에게 부과된다. 사업자등록 시 명의를 대
여하는 경우 명의를 빌린 실질사업자가 세금을 납부하지 않으면 명
의대여자에게 세금이 부과될 수 있다. 명의대여자가 실질소득자를 입
증하지 못하는 이상 명의대여자의 다른 소득과 합산해 세금 부담은
커지고, 소득금액의 증가로 인해 국민연금과 건강보험료 부담도 늘어
나게 된다. 무엇보다 세금을 내지 못할 경우 명의대여자의 재산이 압
류, 공매되고 신용불량자가 되는 등 큰 피해를 볼 수 있다. 이 경우 체
납된 사실이 금융기관에 통보되어 대출금 조기상환 요구, 신용카드

사용정지 등 금융거래상 각종 불이익을 받게 된다. 여권 발급이 제한되거나 출국 규제 등으로 여행조차 하기 어려울 수 있다. 또한 명의대여자는 실질사업자와 함께 증여세를 부담하거나 조세포탈범, 체납범 또는 질서범으로 처벌받아 50만 원 이하의 벌금 또는 과료에 처해질 수 있다.

사업자등록 신청 시 필요한 서류

1. 개인사업자

개인사업자의 경우 사업자등록 신청 시 사업자등록신청서 1부, 임대차계약서 사본(사업장을 임차한 경우) 1부, 허가·등록·신고증 사본 1부, 허가·등록·신고 전에 사업자등록을 하는 경우에는 허가·등록신청서 사본 또는 사업계획서 1부, 동업계약서(공동 사업자인 경우) 재외국민·외국인 입증서류, 여권 사본 또는 외국인등록증 사본, 국내에 통상적으로 주재하지 않는 경우 납세자관리인설정신고서를 제출한다.

2. 영리법인

영리법인의 경우 사업자등록 신청 시 법인설립신고서 1부, 사업자등록신청서 1부, 법인등기부등본 1부, 법인 명의 임대차 계약서 사본(사업장을 임차한 경우) 1부, 주주 또는 출자자명세서 1부, 허가·등록·

신고증 사본 1부, 허가·등록·신고 전에 사업자등록을 하는 경우에는 허가·등록신청서 사본 또는 사업계획서, 현물출자명세서(현물출자법인의 경우)를 제출한다.

3. 비영리 내국법인(본점)

비영리 내국법인(본점)의 경우 사업자등록 신청 시 법인설립신고서 1부, 사업자등록신청서 1부, 법인등기부등본 1부, 법인 명의 임대차계약서 사본(사업장을 임차한 경우) 1부, 허가·등록·신고증 사본 1부, 허가·등록·신고 전에 사업자등록을 하는 경우에는 허가·등록신청서 사본 또는 사업계획서, 주무관청의 설립허가증 사본 1부를 제출한다.

사업자등록을 변경하는 방법

사업을 하다 보면 사업장을 변경하거나, 동업을 하거나, 상호를 바꾸는 등 사업자등록을 변경할 사유가 발생하곤 한다. 다음의 경우에 사업자는 지체 없이 사업자등록정정신청서를 작성해 기존 사업자등록증과 정정사유 관련 서류를 함께 제출해야 한다. 그러면 세무서는 반영해 사업자등록증을 다시 교부한다.

1. 신청일 당일 재교부해주는 정정사유

상호를 변경하거나, 통신판매업자가 사이버몰의 명칭 또는 인터넷 도메인 이름을 변경할 때 신청일 당일 재교부가 가능하다.

2. 신청일로부터 3일 이내에 재교부해주는 정정사유

신청일로부터 3일 이내에 재교부해주는 정정사유는 다음과 같다. 법인의 대표자를 변경하거나, 고유번호를 받은 단체의 대표자를 변경하거나, 상속에 의해 사업자 명의를 변경하거나, 임대차 계약 내용에 변경이 있거나 새로이 상가건물을 임차하거나, 업종을 변경하거나(면세사업자의 과세사업 추가 포함), 사업장을 이전하거나, 공동 사업자의 구성원 또는 출자지분이 변동되거나, 사업자 단위를 신고하거나, 납부 승인자의 총괄사업장을 이전 또는 변경하는 경우다.

그럼 사업자등록을 한 사업자가 여러 가지 사유로 휴업 또는 폐업하거나, 신규로 사업 개시일 전에 사업자등록을 했는데 사실상 사업을 개시하지 않게 되면 어떻게 해야 할까? 이때는 지체 없이 휴업신고서나 폐업신고서에 사업자등록증을 첨부해 사업장 관할 세무서장에게 제출해야 한다. 단, 사업자가 부가가치세 확정신고를 하면서 그 부가가치세신고서에 폐업일자와 폐업 사유를 기재하고 사업자등록증을 첨부해 제출했다면 폐업신고서를 제출한 것으로 본다.

법령에 의해 허가·등록·신고를 해야 하는 사업자가 폐업신고를 할 경우에는 시·군·구 관할 관청에 폐업신고를 한 사실을 확인할 수 있는 서류를 첨부해야 한다는 점을 잊지 말자. 폐업신고는 폐업일이 속하는 달의 말일부터 25일 이내에 해야 하며, 이를 제때 하지 아니하면 세무상 불이익이 매우 크다. 부가가치세 부담이 커지고 소득세 부담도 늘어난다. 그리고 관련 기관에도 신고해야 불이익이 없다.

면허 또는 허가증이 있는 사업인 경우 당초 면허를 받은 기관에 폐업신고를 해야 면허세가 부과되지 않는다. 폐업 시 폐업증명을 받아 국민연금공단, 국민건강보험공단에 제출해야 불이익이 없다. 폐업하면서 체납하면 이후 본인 명의의 사업자등록 신청이나 재산 취득이 사실상 불가능해진다. 체납자가 사업자등록을 신청하면 사업자등록증을 교부해주기 전에 임차보증금 등을 압류하며, 재산을 취득하더라도 체납자의 소유 재산이라는 것이 확인되면 즉시 압류해 공매 처분을 하기 때문이다. 또한 5천만 원 이상이면 출국금지 또는 여권 발급을 제한하며, 체납세액 또는 결손금액이 500만 원 이상이면 신용정보기관에 명단이 통보되어 금융 거래에 제한을 받는다.

사업자등록, 실제로 해보자

　가끔 오피스텔이나 상가를 매입한 분들이 필자에게 사업자등록을 어떻게 해야 하는지 자문을 구하곤 한다. 생각보다 쉬운 작업이지만 처음해보는 사람의 입장에서는 난감할 수밖에 없다. 필자가 처음 쇼핑몰 사업을 했을 때만 해도 세무서에 직접 가서 사업자등록을 해야 했고, 곧바로 사업자등록증이 나오지도 않았다. 게다가 당시에 미성년자이다 보니 세무서 담당자로부터 사유서를 써오라는 부당한 갑질(?)까지 당해야 했다. 요즘에는 인터넷이 발달해서 집에서 홈택스를 통해 간편하게 사업자등록을 할 수 있다. 사업자등록을 쉽게 하는 절차에 대해 살펴보자.

홈택스를 통해
사업자등록 신청하기

세금과 관련된 모든 절차는 국세청의 홈택스에서 진행할 수 있다. 최근에는 인터넷으로 세무 업무의 대부분이 가능해졌다. 사업자등록도 마찬가지다. 이때 미리 준비해야 할 것이 있는데 공동·금융인증서다. 과거 공인인증서에 비해 발급이 굉장히 쉬워졌다. 공동·금융인증서를 발급받았다면 홈택스로 사업자등록을 할 준비가 된 것이다.

홈택스 웹사이트 화면. '신청/제출' 메뉴에서 '사업자등록 신청/정정 등'을 누른다.

홈택스에 접속하면 위와 같은 화면이 뜰 것이다. 메뉴 중에서 '신청/제출'을 클릭하면 해당 서비스 화면으로 이동하게 된다. 그 화면에서 '사업자등록 신청/정정 등'이라는 메뉴를 클릭한다. '사업자등록 신청/정정 등' 화면에서 '사업자등록 신청(개인)'을 클릭한다.

홈택스 사업자등록 신청 서비스 화면. 관련 정보를 입력하면 사업자등록이 가능하다.

사업자등록 신청 화면으로 넘어가 순서대로 상호명, 사업장 전화 번호, 자택 전화번호, 휴대전화번호, 사업장 소재지, 기타 정보를 입 력한다. 마지막으로 업종 선택, 사업장 정보를 입력하면 된다. 추가로 선택사항을 입력하는 곳이 있는데 말 그대로 선택사항이다. 모든 정 보를 꼼꼼히 기록하고 맨 아래 '저장 후 다음'을 누르면 사업자등록신 청서가 제출된다. 그다음 준비한 서류를 전송하면 사업자등록이 완료

된다. 제출서류는 홈텍스에서 상세하게 안내하고 있기 때문에 안내에
따라서 챙기면 문제없다.

정부지원제도
파헤치기

정부지원제도는 고용 창출을 위한 정부지원제도와 고용 촉진을 위한 정부지원제도로 구분된다. 차례대로 살펴보자.

고용 창출과 관련된 정부지원제도

1. 청년채용특별장려금

청년채용특별장려금의 사업 목적은 청년을 정규직으로 채용한 중

기업 규모별 청년 최저 고용 요건

기업 규모	청년 신규 채용
30명 미만	1명 이상
30~99명	2명 이상
100명 이상	3명 이상

※ 기업 규모는 전년 말일 기준으로 고용보험 피보험자 수 기준

소·중견기업에 인건비를 지원함으로써 양질의 청년 일자리를 창출하는 데 있다. 2021년에 9만 명을 지원했으며, 지원 대상은 청년(만 15세 이상 34세 이하)을 정규직으로 신규 채용한 5인 이상 중소·중견기업이다. 단, 사행·유흥업 등의 업종은 지원 대상에서 제외된다. 기업 규모별 청년 최저 고용 요건은 표를 참고하기 바란다.

지원 수준은 청년 추가 채용 1명당 연 최대 900만 원을 3년간 지원한다(장려금은 매월 단위로 지급한다). 상시 신청 가능하며 장려금지급신청서 등 관련 서식을 작성해 구비서류와 함께 고용복지플러스센터 기업지원부서 및 고용보험시스템을 통해서 신청 가능하다.

청년채용특별장려금을 지급받던 중 해당 직원이 퇴사하게 되면 어떻게 될까? 퇴사 이후 지원이 중단되지만 이미 지원을 받은 금액에 대해 환수 조치 등의 제재는 따로 없다. 자세한 사항은 고용노동부에 문의 가능하며, 고용노동부 홈페이지에서 자세한 공고를 확인할 수 있다.

2. 청년내일채움공제

청년내일채움공제는 청년(만 34세 이하)을 추가 고용하는 사업주에 대한 지원금인 청년채용특별장려금과 별도로 정부에서 청년의 장기 근속을 장려하기 위해 3년간 최대 2,400만 원을 지원하는 제도다. 단, 자금 소진 시 지원이 중단되므로 조기 신청해야 한다. 정확한 내용은 청년내일채움공제(www.work.go.kr/youngtomorrow)를 검색하기 바란다.

청년내일채움공제는 5인 이상 사업장 또는 5인 미만 사업장을 대상으로 특정 업종을 영위하는 중소기업에 정규직으로 취업한 청년들의 자산 형성을 지원하는 사업이다. 중소벤처기업진흥공단의 내일채움공제에서 파생되었으며, 기존의 내일채움공제와 다른 점은 정부가 보조금을 지원하는 방식으로 중소기업의 몫까지 납입한다는 것이다. 청년 근로자에게 최대 3년간 2,400만 원을 지원하며, 기업 지원금인 청년채용특별장려금 2,700만 원(연간 900만 원×3년)과 중복해 지원 가능하니 참고하기 바란다.

지원 대상은 고용보험 피보험자 수 5명 이상의 중소·중견기업으로 상기 청년을 정규직으로 채용해야 한다. 여기서 중소기업의 범주는 3년 평균 매출액 1,500억 원 이하(업종별 규모 기준과 상한 기준 상이), 자산총액 5천억 원 미만의 기업이다. 중견기업은 중소기업 범위에 해당되지 않는 기업으로, 상호출자제한 기업집단에 속하지 않은 기업이 대상이다.

지원 방법은 청년, 정부, 기업의 3자 적립을 통해 이뤄진다. 2년형과 3년형으로 구분되는데, 2년형은 청년 본인은 2년간 300만 원(매월 12만 5천 원), 정부는 2년간 900만 원, 기업은 2년간 400만 원을 적립해 정규직 2년 근속 시 1,600만 원의 목돈을 마련하게 된다. 3년형은 청년 본인은 3년간 600만 원(매월 16만 5천 원), 정부는 3년간 1,800만 원, 기업은 3년간 600만 원을 적립해 정규직 3년 근속 시 3천만 원의 목돈을 마련하게 된다.

3. 연구인력개발비 세액공제

연구인력개발비 세액공제는 유능한 중소기업 근로자의 장기 재직을 유도하고 이들의 목돈 마련을 지원하는 취지로 제정한 제도다. 근로자의 경우 성과보상금 수령 시 세부담을 절반으로 줄일 수 있고, 사업주가 부담하는 기여금에 대해서는 세법의 비용으로 인정할 뿐만 아니라 세액공제까지 가능하다. 홈택스나 우편, 방문 접수를 통해서도 신청 가능하다.

해당 과세연도에 발생한 일반 연구인력개발비가 직전 과세연도에 발생한 일반 연구인력개발비를 초과하는 경우 초과하는 금액의 40%(중소기업은 50%)에 상당하는 금액을 공제받을 수 있다. 단, 해당 과세연도의 개시일로부터 소급해 4년간 일반 연구인력개발비가 발생하지 아니하거나, 직전 과세연도에 발생한 일반 연구인력개발비가 해당 과세연도의 개시일로부터 소급해 4년간 발생한 일반 연구인력개발비의 연평균 발생액보다 적은 경우에는 해당 과세연도에 발생한 일반 연구인력개발비의 25%를 공제받는다.

고용 촉진과 관련된
정부지원제도

1. 고용촉진장려금

고용노동부장관이 지정하는 취업 지원 프로그램을 이수하고, 직업안정기관 등에 구직 등록한 실업자를 고용한 사업주를 지원하는 제도다. 구직 등록 후 1개월 이상 실업 상태에 있는 중증장애인, 여성가장 등 취업 취약자 및 위업 지원 프로그램에 참여하기 어려운 도서지역 거주자를 고용한 사업주를 대상으로 한다.

신규 고용 근로자 1인당 1년간 지원하며 우선 지원 대상 기업은 월 60만 원씩 연간 720만 원을 지원한다. 대규모 기업은 월 30만 원씩 연간 360만 원을 지원한다. 취업 성공 패키지 1유형을 이수한 사람 중 기초생활수급자, 취업 지원 프로그램 이수면제자 중 중증장애인, 여성가장으로서 1개월 이상 실업 상태에 있는 사람에 대해서는 최대 2년간 지원한다. 2020년 이후에는 지원 대상에 취업 성공 패키지 2유형(중장년) 및 일반고 특화훈련 이수자도 포함되었다.

2. 고령자 계속고용장려금

고령자 계속고용장려금이란 정년에 도달한 재직 노동자를 정년 이후에도 계속해서 고용하는 제도를 취업규칙, 단체협약 등에 명시적으로 도입하면 비용을 지원하는 제도다. 계속 고용은 현 정년을 1년 이상 연장하는 '정년 연장', 정년을 폐지하는 '정년 폐지', 현행 정년은 유지하지만 재고용 등을 통해 1년 이상 계속 고용하는 '계속 고용'으로 구분된다. 정년 이후 계속 고용한 근로자 1인당 월 30만 원(피보험자의 30% 한도)을 2년간 지원한다.

임원보수 지급규정은 반드시 검토하자

임원보수 지급규정은 세무조정을 발생시키기도 하고 상법상 회사가 거쳐야 하는 절차가 많은 만큼 꼼꼼하게 검토해야 한다. 대략적인 절차는 다음과 같다. 우선 임원보수 지급규정의 조문을 검토한다. 이 과정에서 회사의 현행 임원보수 지급규정 또는 신규로 재정하고자 하는 임원보수 지급규정을 각 조문별로 검토해 수정해야 할 부분을 찾는다. 그다음 임원보수 지급규정을 확정한다. 이후 확정된 임원보수 지급규정은 상법상 절차(이사회 결의, 이사회의사록 작성)를 통해 사후 관리에 들어간다.

임원보수 지급규정을 검토하기에 앞서 임원보수가 어떤 의미를 가지고, 어떤 법률적 이슈와 관련 있는지 알아보자. 그리고 세법에서 정하는 임원의 범위에 대해 알아보자.

임원보수의
개념

임원보수란 급여와 상여금을 의미한다. 임원에 대한 보수는 매년 영업성과에 대한 보상으로 지급 기준을 정비하고, 지급 기준에 따라 지급해야 한다. 만약 지급 기준이 없는 상태에서 보수를 지급하면 부당행위계산부인에 해당해 세무상 비용(손금)으로 인정받을 수 없게 된다. 즉 지급 기준 없이 지출한 임원보수는 비용처리가 되지 않아 세금을 증가시킨다.

법인이 임원에게 지급하는 상여금 중에서 정관, 주주총회, 사원총회 또는 이사회 결의에 의해 결정된 급여 지급 기준에 의해 지급하는 금액을 초과해 지급한 경우 그 초과액은 손금불산입한다(법인세법 시행령 제43조 제2항). 또 법인이 임원에게 상여금을 지급함에 있어서 정관, 주주총회, 사원총회 또는 이사회의 결의에 의해 결정된 지급 기준 없이 지급한 금액은 법인의 손금으로 인정받을 수 없다.

다시 말해 임원보수는 원칙적으로 정관, 주주총회, 사원총회 또는 이사회 결의에 의해 결정된 급여 지급 기준 범위 내에서 지급해야 손금으로 인정받을 수 있다. 예외적으로 지배주주 등인 임원에게 정당한 사유 없이 임원보다 초과 지급한 보수는 손금불산입한다(법인세법 시행령 제43조 제4항).

그렇다면 세법에서 정하는 임원의 범위는 어떻게 될까? 임원이란 다음 어느 하나의 직무에 종사하는 자를 말하고, 사용인은 해당 법인과 근로계약에 의해 근로를 제공하고 대가를 받는 자로서 임원을 제외한 자를 말한다(법인세법 시행령 제20조 제1항 제4호).

1. 법인의 회장, 사장, 부사장, 이사장, 대표이사, 전무이사 및 상무이사 등 이사회의 구성원 전원과 청산인
2. 합명회사, 합자회사 및 유한회사의 업무집행사원 또는 이사
3. 유한책임회사의 업무집행자
4. 감사
5. 그 밖에 1항부터 4항까지의 규정에 준하는 직무에 종사하는 자

구체적인 임원보수 지급규정 검토

세무적인 이슈와 급여 기준 설정을 위해 정관으로 규정하는 임원의 보수에 대한 바에 따라 위임 기준에 부합하는 임원보수 지급규정을 검토하게 된다. 우선 임원보수 지급규정의 조문을 검토하게 되는데 구체적으로 살펴보면 다음과 같다.

> **제○○조【적용 범위】**
> 이 규정은 회사에 근무하는 상근임원에 대해 적용한다. 단, 이 규정에 없는 임원의 급여에 관한 사항은 이 규정을 준용하되 별도의 지급규정이 있는 경우 그 규정을 우선 적용한다.

여기서 임원보수 지급규정의 적용 대상을 결정한다. 이 경우 회사의 임원 구성 현황을 고려해야 한다. 등기임원과 미등기임원, 상근임원과 비상근임원이 모두 존재하는 경우 각각 보수규정의 적용 범위를 어떻게 할지 검토해야 한다. 적용 범위를 상근임원에 한해 적용하고, 상근이 아닌 임원은 별도의 급여규정이 있다면 그 규정을 우선 적용하는 것이 일반적이다.

다음의 조문은 급여의 구성과 연봉 외 급여의 범위를 정하는 조항이다.

> **제○○조【급여의 구성】**
> 1. 급여는 연봉 및 연봉 외 급여로 구성한다.
> 2. 연봉은 기본급으로 구성된다.
> 3. 연봉 외 급여는 정기 상여금, 인센티브 등이 있다.

여기서 회사의 현재 연봉과 그 밖의 급여를 파악한다. 그리고 기업의 실무에서 연봉 외 급여는 상여금, 특별상여금, 성과금, 인센티브 등 다양한 명칭으로 지급이 이뤄진다. 이와 같은 여러 가지 연봉 외 급여 항목 중에서 회사가 지급하고자 하는 급여 항목을 조문에 설정하면 된다.

> **제○○조【기본급】**
> 1. 각 임원의 기본급은 주주총회에서 승인된 금액의 범위 내에서 직전연도 개인별 연봉을 기초로 업적 및 성과 등을 반영해 이사회에서 개인별 향후 1년간의 연봉을 결정한다.
> 2. 제1항의 1년간의 연봉은 직전연도의 결산 재무제표가 주주총회에서 확정된 후 2개월 이내에 결정해야 한다.
> 3. 제2항에 따라 결정된 기본급은 연도 초로 소급해 결정된 해당 연도를 귀속연도로 해 기본급의 총액이 지급되어야 한다.

그다음으로 기본급에 대한 지급규정을 살펴봐야 한다. 여기서 회사의 매년 연봉 결정 시기를 확인해 연도 중에 결정된 연봉의 경우 연도 초로 소급해 지급하는지 검토한다. 그리고 기본급의 총액 범위와 지급액 결정 시기 및 결정방법 등을 결정한다. 위 조항에서는 총보수는 정관에서 규정하고 범위 내의 지급액의 결정과 시기 등은 임원 보수 지급규정에서 정하는 방식으로 정했다. 또한 기본급의 결정 시기 및 지급방법을 정해야 한다.

기본급에 대한 지급규정을 검토했다면 그다음으로 살펴봐야 할 조문은 정기 상여금을 설계하는 조항이다.

제○○조【정기 상여금】

1. 기본급과는 별도로 당해 연도의 상여금을 이사회 결의로 지급한다. 이 경우 지급 시기와 지급금액의 범위는 다음과 같다.
   - 설날: 기본급×1/12×100%
   - 여름휴가: 기본급×1/12×80%
   - 추석: 기본급×1/12×100%

2. 제1항에 따라 지급하는 상여금은 당해 연도 영업이익이 발생하는 경우에 한해 지급하는 것으로 하되, 구체적인 지급액에 대한 성과 평가가 있어야 하며 성과 평가에 대한 지급률은 [별표]와 같다. 이 경우 상여금을 포함한 총보수는 정관에서 정하는 한도금액을 초과할 수 없다.

[별표]정기 상여금 성과 평가 지급률
- 우수: 80 ~ 100%
- 정상: 50 ~ 80%
- 보통: 20 ~ 50%

다음으로 정기 상여금을 설계하는 조항에 대해서 살펴보자. 이때 회사의 현재 정기 상여금 지급 현황을 파악한다. 여기서 정기 상여금의 지급 시기와 지급금액의 범위를 의사결정한다. 상여금은 기본급 외의 급여로 영업성과에 대한 보상이므로 회사의 이익이 발생하는 경우에 지급하는 것으로 정하는 것이 합리적이다. 이 경우에도 총보수의 한도는 적용된다. 상여금 지급금액의 범위를 결정하는 경우 직원들의 상여금 지급금액의 범위와 많이 다르다면 세무상 부당행위계산부인에 해당될 수 있는지도 검토가 필요하다.

1. 기본급은 매월 25일에 지급하는 것을 원칙으로 한다.
2. 정기 상여금은 지급이 결정되는 월의 급여일에 함께 지급하는 것을 원칙
으로 한다.
 • 정상: 50~80%
 • 보통: 20~50%

마지막으로 급여 등의 지급 시기를 결정하는 조항을 설계해야 한 다. 여기서 회사의 현재 급여 지급일을 확인할 수 있다. 기본급과 달 리 정기 상여금 및 인센티브는 부정기적인 급여이므로 지급일을 정 하는 것이 필요하다.

상법상 절차를 거쳐 지급규정 확정

임원보수 지급규정을 정비하고 검토한 후에는 최종적인 규정 초 안을 만들어야 한다.

이렇게 만든 규정에 대해서는 임원보수 지급규정의 승인 절차를 거치게 된다. 즉 상법상 임원보수 지급규정을 확정해 이사회 소집통 지문을 발송하고, 이사회를 소집해 이사회의사록을 작성해야 한다. 여기서 소집통지문은 회일 일주일 전에는 통지해야 하고 구두로 통

지해도 무방하다. 주의할 점은 이사 및 감사동의서를 받아야 한다는 것이다. 이렇게 이사회를 거치면 이사회의사록을 작성해둔다. 정관 규정의 경우에는 공증을 받는 것이 일반적이지만 임원보수 지급규정은 내부 규정이므로 굳이 공증을 받지 않아도 무방하다.

임원보수 지급규정이 확정되면 임원의 기본급은 주주총회에서 승인된 금액의 범위 내에서 이사회에서 1년간의 연봉을 개인마다 각각 결정하게 된다. 실무상 연봉계약서 등은 이사회 결의 관련 서류와 함께 보관해둬야 한다.

임원퇴직금 지급규정은 반드시 검토하자

임원퇴직금은 말 그대로 임원이 퇴직할 때 지급하는 퇴직금을 말한다. 임원 입장에서는 퇴직소득이 된다. 보통은 정관에서 규정하는 지급규정에 따르고 실무적으로는 정관에서 위임하고 주주총회의 결의로 별도의 임원퇴직금 지급규정을 마련한다.

법인이 임원에게 지급한 퇴직급여 중 정관에 퇴직급여로 지급할 금액이 정해진 경우에는 정관에 정해진 금액을 손금에 산입한다. 정관에 지급할 금액이 정해지지 않은 경우에는 그 임원이 퇴직하는 날부터 소급해 1년 동안 해당 임원에게 지급한 총급여액(비과세 소득은 제외, 상여금 손금불산입액 제외)의 1/10에 상당하는 금액에 근속연수를 곱한 금액을 손금에 산입한다(법인세법 시행령 제44조 제4항). 정관에서 정한 임원퇴직금은 상법상의 정관 변경 절차를 거쳐야 하므로, 임원이라 하더라도 퇴직금을 과다 지급하는 것이 비교적 어려워 법인의 소득을 부당히 감소시킬 염려가 적기 때문에 전액 손금으로 인정한다(국심 2000중1197, 2000.10.24).

국세청
질의회신 사례

좀 더 구체적인 실무 사례를 살펴보기 위해서 대표적인 국세청 질의회신 사례를 살펴보자.

가. 질의내용 요약

1. 사실관계

모 법인의 정관에는 '임원퇴직금에 대해 이사회에서 정한 규정에 의한다'고 규정하고 있는데 회사가 이사회에서 다음과 같이 규정을 정하고 그 규정에 따라 임원퇴직 시 퇴직금을 지급하고 있음

2. 규정 내용
- 대표이사: 1년 재직 시 퇴직 직전 1년간 급여의 50% 상당액
- 전무이사: 1년 재직 시 퇴직 직전 1년간 급여의 40% 상당액
- 상무이사: 1년 재직 시 퇴직 직전 1년간 급여의 30% 상당액
- 이사 및 감사: 1년 재직 시 퇴직 직전 1년간 급여의 20% 상당액

---

3. 질의 내용

위의 경우 이사회에서 정한 임원퇴직금 지급규정에 대해 다음과 같은 의견이 있음

(갑설) 임원퇴직금 규정은 정관이나 정관의 위임에 따라 주주총회에서 정한 것만을 말하는 것임

(을설) 정관에서 위임된 규정이라면 주주총회에서 정한 것은 물론이고 이사회에서 정한 것도 퇴직금 지급규정으로 인정됨

나. 관련 예규

1. 법인22601-2805, 1985.09.17

임원이 퇴직함으로 인하여 퇴직금을 지급함에 있어 정관의 위임에 따라 주주총회에서 정한 퇴직금 지급규정에 의하여 지급한 퇴직금은 법인세법 시행령 제34조 제2항 제1호의 규정에 의한 정관에 정하여진 금액으로 보아 손금산입하는 것이나, 정관의 위임에 따라 이사회에서 정한 퇴직금 지급규정에 의하여 지급한 퇴직금은 법인세법 시행령 제34조 제2항 제2호(현행 §44③2호)의 규정에 의하여 계산한 한도액 범위 내에서 손금산입하는 것임

2. 법인46012-3548, 1998.11.19

[질의] (주)△△실업은 1990. 7. 설립하여 도·소매 의약품을 판매하는 회사로서 임원에 대한 퇴직급여 규정을 정관에서는 '주주총회 의결을 거친 임원퇴직금 지급규정에 의한다'로 설립 당시부터 규정되어 있으며, 1992. 3. 28 제2기 정기 주주총회에서 임원퇴직금 지급규정을 이사회에 위임할 것을 만장일치로 가결하였고, 동일자로 이사회에서 임원퇴직금 지급규정을 아래와 같이 정하였음.

• 대표이사: 재임 매년에 대하여 5개월분

- 전무: 재임 매년에 대하여 4개월분
- 상무·이사·감사: 재임 매년에 대하여 3개월분

1998. 2. 대표이사(근속기간: 1990. 9. 1~1998. 2. 28)와 상무이사(근속기간: 1990. 9. 1~1998. 2. 28)가 퇴사함에 따라 상기 지급규정에 의하여 퇴직금을 지급하였음. 상기 지급한 대표이사와 상무이사에 지급한 퇴직금이 법인세법 제16조 제13호(동법시행령 제34조 및 동법시행규칙 제13조 제3항)에 규정하는 '정관에 정하여진 금액에는 임원의 퇴직금을 계산할 수 있는 기준이 정관에 기재된 경우를 포함하는 것으로 한다. 이 경우 정관에서 위임된 퇴직급여 규정이 따로 있을 때에는 이에 규정된 금액에 의한다'라는 규정에 의하여 퇴직금 전액을 법인세법상 임원퇴직금으로 손금처리할 수 있는지 여부

[회신] 정관에서 임원퇴직금의 지급을 「주주총회의 의결을 거친 임원퇴직금 지급규정」에 의하도록 한 법인이 퇴직하는 임원에게 퇴직금을 지급함에 있어서 이사회에서 정한 임원퇴직금 지급규정에 의하여 지급하는 경우에는 법인세법 시행령 제34조 제2항 제2호(현행 :§44③2호)에서 정하는 금액을 한도로 손금에 산입하는 것이며, 이 경우 한도를 초과함으로써 손금불산입한 금액은 이를 그 임원에 대한 상여로 처분하는 것임

다. 질의에 대한 답변

귀 질의의 경우 법인이 임원의 퇴직금을 지급함에 있어서 정관의 위임에 따라 주주총회에서 정한 퇴직금 지급규정에 의해 지급한 퇴직금은 법인세법 시행령 제44조 제3항 제1호의 규정에 의해 정관에 정해진 금액으로 봐 손금산입하는 것이나, 정관의 위임에 따라 이사회에서 정한 퇴직금 지급규정에 의해 지급한 퇴직금은 같은 령, 같은 조, 같은 항 제2호의 규정에 의해 계산한 한도액 내에서 손금산입하는 것입니다.

법인세법 시행령 제44조【퇴직금의 손금불산입】
③ 법인이 임원에게 지급한 퇴직금 중 다음 각 호의 1에 해당하는 금액을 초과하는 금액은 이를 손금에 산입하지 아니한다. (1998. 12. 31 개정)
  1. 정관에 퇴직금(퇴직위로금 등을 포함한다)으로 지급할 금액이 정하여진 경우에는 정관에 정하여진 금액 (1998. 12. 31 개정)
  2. 제1호 외의 경우에는 그 임원이 퇴직하는 날부터 소급하여 1년 동안 당해 임원에게 지급한 총급여액(소득세법 제20조 제1항 제1호 가목 및 나목의 규정에 의한 금액으로 하되, 제43조의 규정에 의하여 손금에 산입하지 아니하는 금액을 제외한다)의 10분의 1에 상당하는 금액에 재정경제부령이 정하는 방법에 의하여 계산한 근속연수를 곱한 금액

임원퇴직금의 손금산입 요건으로는 임원퇴직금은 정관에 퇴직급여로 지급할 금액이 정해진 경우에는 정관에 정해진 금액일 것(법인세법 시행령 제44조 제4항), 현실적으로 퇴직하는 경우에 지급하는 것에 한할 것(법인세법 시행령 제44조 제1항), 임원 또는 사용인에게 지급하는 연금 또는 일시금일 것(법인세법 시행령 제44조 제1항), 법인이 퇴직급여를 실제로 지급한 경우일 것(법인세법 시행령 제44조 제2항), 해당 과세기간에 발생한 소득일 것(소득세법 제22조 제1항)을 들 수 있다.

이때 정관에 퇴직급여로 지급할 금액이 정해진 경우란, 정관에 임원의 퇴직급여를 계산할 수 있는 기준이 기재된 경우를 포함해 정관에서 위임된 퇴직급여 지급규정이 따로 있는 경우에는 해당 규정에 의한 금액이 인정된다(법인세법 시행령 제44조 제5항). 또한 임원에게 지급할 퇴직금을 정관에 정하지 아니하고 주주총회 결의로 지급하는

경우에는 지급할 금액이 정해지지 아니한 것으로 보고, 이사회 만장일치일지라도 지급할 금액이 정해지지 아니한 것으로 보는 것이 예규다.

현실적인 퇴직인 경우에만 임원퇴직금을 손금산입하는데, 현실적 퇴직 사유는 법인세법 시행령에 열거되어 있다. 만약 현실적으로 퇴직하지 아니한 경우에 지급한 퇴직금은 현실적으로 퇴직할 때까지 업무와 관련이 없는 자금의 대여액으로 간주한다. 게다가 임원에게 퇴직금을 실제로 지급해야만 손금산입의 요건을 충족하게 되고, 퇴직금을 분할 지급하지 않고 퇴직금 전액을 지급하는 경우에만 손금산입이 가능하다.

이처럼 임원퇴직금 손금산입은 엄격한 요건을 지켜야 가능하다. 손금산입을 인정받기 위해 가장 중요한 절차는 임원퇴직금 지급규정(특히 정관의 규정)을 정비하는 것이다. 이를 위해서는 임원퇴직금 지급규정을 검토하고, 퇴즉금을 산정하는 구체적인 조문을 두고, 세법에 부합해야 한다.

구체적인 임원퇴직금 지급규정을 확정하고, 상법상 정관 확정 이후에 이사회 소집 절차를 거치고, 이사회를 열어 의사록을 작성한다. 그다음 주주총회 소집통지문을 발송하고, 주주총회를 거쳐 의사록을 작성해둬야 한다. 물론 자본금 총액이 10억 원 미만인 회사는 주주 전원의 동의가 있을 시 소집 절차 없이 주주총회를 개최할 수 있고(상법 제363조 제4항), 이 경우 주주총회일에 총주주동의서를 받아두는 것이 필요하다.

간혹 임원퇴직금에 대한 해석이 갈리는 이유는 부당행위계산부인으로 과세하려면 업무무관 가지급금인지 해석해야 하는데, 중간 정산한 이후 지급한 퇴직금이 이에 해당하는지 명확한 기준이 존재할 수 없기 때문이다. 예를 들어 연봉제로 전환하기로 하고 중간 정산을 통해 퇴직금을 받은 경우, 그 이후에는 연봉제에 따라 퇴직금을 지급하면 안 되는 것이 원칙일 것이고 지급한다면 업무무관 가지급금으로 해석하는 것이 보통일 것이다. 그러나 정관 변경 등으로 규정을 마련해 다시 연봉제를 포기하고 퇴직금을 지급하는 경우에는 정당한 규정에 의한 지급으로 해석할 수 있는 근거가 생기게 된다.

로스쿨에 다니던 시절 조세법 수업시간에 최원 교수님께서 원천징수의 중요성에 대해 말씀하신 기억이 난다. 퇴직금 지급 시에 손금으로 인정되는지 여부도 당연히 중요한 이슈지만, 퇴직금 지급 시에 원천징수도 원천징수의무자인 법인의 입장에서는 반드시 챙겨야 하는 부분이다.

퇴직소득은 종합소득과 달리 분류과세 방식을 취하고 있으므로 낮은 세율을 적용해 원천징수로 과세를 종료한다. 원천징수 시에 금액은 결정세액이라고 하는데, 그 계산구조는 소득세법 제48조 및 제55조에 규정되어 있다. 퇴직소득은 수년간 발생해 누적되어 오다가 퇴직 시점에 일시에 실현되기 때문에 종합소득에 합산하지 않고 원천징수로 분류과세 방식을 취하고 있는 것이다.

퇴직소득세 계산방법

퇴직소득금액
(퇴직급여액-비과세소득)

↓

퇴직소득공제(근속연수공제)

↓

환산급여
(퇴직소득금액-근속연수공제)/근속연수×12

↓

퇴직소득공제(환산급여공제)

↓

퇴직소득 과세표준

↓

퇴직소득 산출세액
(과세표준×세율)/12×근속연수

↓

기납부(과세이연)세액

↓

차감원천징수세액

부록 1

유튜버를 위한
세금상식

소득이 있는 곳에는 세금이 있다. 당연히 유튜버도 개인이면 소득세, 법인이면 법인세를 내야 한다. 세금신고를 안 하면 유튜버 수익이 집계되는 구글코리아에 대한 세무조사를 통해 탈세 의심 유튜버로 적발될 수 있고, 조세포탈혐의로 처벌받을 수 있음에 주의해야 한다. 따라서 미디어 콘텐츠 창작자로서 영상을 생산해 수익이 발생하고 있다면 우선 사업자등록을 해야 한다. 참고로 사업자등록을 하면 각종 부가가치세 환급부터 세액공제, 고용장려금 지원 등 혜택이 다양하다. 사업자등록을 하지 않거나 늦게 하면 미등록가산세가 나올 수 있으니 주의하기 바란다.

사업자등록 시 가능한 세금 혜택

혜택	내용
기장 세액공제	• 간편장부 대상자가 복식부기에 의해 기장하고 재무상태표 등 서류를 제출하는 경우 총세액의 20% 공제(한도 100만 원)
표준 세액공제	• 근로소득이 있는 거주자는 13만 원 세액공제 • 근로소득이 없는 거주자는 7만 원 세액공제 • 성실신고 대상자는 12만 원 세액공제
창업 중소기업 세액 감면	• 수도권 내: 5년간 소득세의 50% 감면 • 수도권 외: 5년간 소득세의 100% 감면 • 창업 당시 15세 이상 34세 이하만 가능
자녀 세액공제	• 기본 공제 대상 자녀 중 7세 이상의 자녀 1인당 15만 원, 자녀가 3인 이상인 경우 2인을 초과하는 1인당 30만 원 세액공제 • 출산 또는 입양하는 경우 첫째는 30만 원, 둘째는 50만 원, 셋째부터는 1인당 70만 원 세액공제
연금계좌 세액공제	• 연금계좌에 납입한 납입액의 15%를 세액공제 • 연금계좌 납입액 한도 연 700만 원

기장 세액공제, 표준 세액공제, 창업 중소기업 세액 감면, 자녀 세액공제, 연금계좌 세액공제 등 사업자등록 시 유튜버가 받을 수 있는 세금 혜택은 다양하다. 업종은 콘텐츠 제조 및 유통업이 무난하다고 보면 된다.

유튜버가 꼭 챙겨야 할 네 가지 세금상식은 다음과 같다.

1. 부가가치세 환급

유튜버는 구글 애드센스에서 외화로 수익이 입금된다. 부가가치세신고 시 영세율이 적용되어 매입 세액공제가 가능하다. 또한 과세사업자는 사업과 관련된 비용과 투자금액에 포함된 부가가치세 등도 환급받을 수 있기 때문에 면세사업자보다 일반과세사업자로 등록하는 것이 좋을 수 있다. 사업 관련 비용으로는 방송 장비, 먹방 식대, 언박싱 유튜버라면 물품 구입비 등이 있다.

2. 종합소득세 감면 등 세액공제

청년 유튜버나 사업장 소재지가 지방인 유튜버의 경우에는 세액이 50% 감면되고, 편집자나 PD 등 직원을 고용할 경우 직원 1명당 700만 원에서 1,100만 원까지 세액 감면을 받을 수 있다. 또한 창업 중소기업 세액 감면을 통해 세액 감면 혜택도 받을 수 있다.

3. 사업장 등록지 확인

유튜버의 경우 사업장을 집 주소로 등록하는 것이 가능하다. 이때 사업용으로 활용하는 부분에 대해서만 임대료 일부를 필요경비로 처리할 수 있다.

4. 국가지원금 챙기기

국가지원금을 통해 유튜브 편집자 등 정규직 인건비 지원금(최대 인당 연 900만 원), 유튜브 편집자 등 일용직 인건비 지원금을 일부분 충당할 수 있다.

향후
세금 정책 전망

제20대 대통령 선거에서 당선된 윤석열 대통령은 2022년 5월 10일부터 임기를 시작했다. 윤석열 대통령은 대통령직 인수에 관한 법률에 따라 인수위를 구성했는데, 인수위는 새로운 정부의 국정 청사진을 준비하고 국정과제를 발굴하는 기능을 수행했다. 대선 공약은 국정과제 마련 작업의 중요한 기반이 되므로 눈여겨본다면 향후 세금 정책을 전망할 수 있을 것이다. 조세 분야에 있어서 선거운동 과정에서는 부동산 세제에 관한 공약이 주된 관심을 받았지만, 공약집에 따르면 경제 활력 및 과학기술, 중소·벤처기업, 금융선진화 등의 영역에서 다수의 기업 관련 세제 공약이 제시되었다.

1. 경제 활력 및 과학기술

- **국내 복귀기업(유턴기업)에 대한 세액 감면 요건 완화**: 사업장 신증설 기간을 감안해 현행 국외 사업장 양도·폐쇄 후 2년 내 국내 사업장 신증설 요건을 3년 내로 완화. 임시투자 세액공제 부활(10%)로 강력한 투자 지원

- **AI 반도체, 모빌리티 서비스 산업 등 기술 혁신 유도**: 5대 초격차 과학기술 분야 집중 육성

- **벤처기업의 우수한 인력 충원을 위해 주식매수선택권(스톡옵션) 제도 개선**: 스톡옵션 행사 시 비과세 한도 현행 5천만 원에서 2억 원으로 상향. 주식매수선택권에 대한 과세 특례 적용을 코스닥 상장 벤처기업에도 추가 확대

2. 중소·벤처기업

- **가업승계 사후 관리 의무기간, 사후 요건 등 완화 및 사전 증여제도 개선**: 원활한 가업승계를 위해 업종 변경 제한 폐지 및 사후 관리 기한 단축(현행 7년). 중소기업의 계획적 승계 지원을 위해 사전 증여제도 개선

- **중소·벤처기업에 성장사다리 복원**: 중소·벤처기업 지원사업을 혁신성장 프로그램으로 개편하고, 중견기업의 유형별·업종별 특성에 맞게 단계별 지원과 육성. 세제 지원 강화 및 중견기업 도약 지원 펀드 설치

- **대기업과 중소기업 간 양극화 해소**: '중소기업 생산성 특별법' 제정. 사

양산업 및 개별 기업의 구조조정 대비 산업, 노동, 금융, 세제, R&D 지원을 포괄하는 산업구조 전환 지원 관련 제도를 마련

- **중소·중견기업 디지털 전환 지원**: 디지털 전환 투자 세제 지원 확대. 중소기업의 비대면 원격근무 인프라 구축 지원 대상 확대
- **ESG 경영지원 강화로 지속 가능한 성장 지원**: 중소·벤처기업의 ESG 역량 강화 및 적용 확대

3. 금융선진화

- **개인 투자자 세제 지원 강화**: 주식 양도소득세 폐지. 증권거래세 적정 수준으로 유지
- **디지털자산**: 암호화폐 투자 수익 5천만 원까지 완전 비과세. 디지털자산 기본법 제정. NFT 활성화를 통한 신개념 디지털자산 시장 육성

4. 부동산 세제

- **부동산 세제 전반의 정상화 추진**: 부동산 세제를 부동산 시장 관리 목적이 아닌 조세 원리에 맞게 개편하고, 보유세는 담세능력을 고려해 부과 수준 조정
- **부동산 공시가격**: 부동산 공시가격을 2020년 수준으로 환원. 공시가격 선정 근거와 평가절차를 투명하게 공개하고, 지자체에 공시가격 검증센터를 설치해 중앙정부 공시가격과 상호 검증
- **등록임대사업자 지원제도 재정비**: 전용면적 60m² 이하 매입 임대용

아파트 신규 등록 허용하고, 종합부동산세 합산과세 배제 및 양도소득세 중과세 배제 등 세제 혜택 부여

- **종합부동산세**: 1주택자 세율을 이전 수준으로 인하. 1주택자, 비조정지역 2주택자는 150%에서 50%로 인하. 조정지역 2~3주택자, 법인은 300%에서 200%로 인하. 1주택 장기 보유자에 대해 연령과 관계없이 매각, 상속 시점까지 납부 이연 허용

- **양도소득세**: 다주택자에 대한 중과세율 적용을 최대 2년간 한시적으로 배제하고, 부동산 세제 개편 과정에서 다주택자 중과세 정책 재검토. 10년 이상 장기 임대주택 양도소득세의 장기보유공제율을 현행 70%에서 80% 상향 조정

- **취득세**: 1주택자의 원활한 주거 이동 보장 위해 1~3%인 세율을 단일화하거나 세율 적용 구간 단순화. 단순누진세율을 초과누진세율로 전환. 생애최초 주택 구매자에 대해 취득세 면제 또는 1% 단일세율 적용. 조정지역 2주택 이상에 대한 누진 과세 완화

- **실거주 1주택자의 보유세 감경**: 실거주 생애최초 주택 구입자에 취득세 100% 감면. 실거주 1주택자 보유세 감경. 임대차 3법 개정 및 계약 갱신 횟수만큼 임대인에 인센티브 세제 혜택

스타트업, 회계와 재무제표 먼저 알고 시작하라

초판 1쇄 발행 2022년 6월 15일

지은이 곽상빈
펴낸곳 원앤원북스
펴낸이 오운영
경영총괄 박종명
편집 이광민 최윤정 김형욱 양희준
디자인 윤지예 이영재
마케팅 문준영 이지은 박미애
등록번호 제2018-000146호(2018년 1월 23일)
주소 04091 서울시 마포구 토정로 222 한국출판콘텐츠센터 319호 (신수동)
전화 (02)719-7735 | **팩스** (02)719-7736
이메일 onobooks2018@naver.com | **블로그** blog.naver.com/onobooks2018
값 17,500원
ISBN 979-11-7043-315-6 03320